なぜ日本人は、こんなに働いているのにお金持ちになれないのか？

——21世紀のつながり資本論

お金のことを学ぶために、世界を旅する

はじめに　—　仕組みを知ることで、お金持ちへの道は拓かれる

なんで、こんなに一生懸命働いているのに自分はお金が貯まらないのだろう？　経済的な自由を感じることができないのだろう？　そんな疑問を持ったことはないでしょうか？　その原因は明白です。私たち日本人は、お金に関してあまりにも無知なまま大人になってしまったからです。

「たしかに、お金についてあまり勉強せずに、ここまで来てしまったなあ」。そう思うみなさんに、私がこの本を通して伝えられることは、大きく三つです。一つ目は、お金のプロフェッショナルとして証券会社で働いて得た、お金に関する基本的な知識。二つ目は、「日本人は、世界一、お金のことを知らない」という事実。そして三つ目は、２年40カ国を巡る世界一周の旅で学んだ、リアルなお金の仕組みと扱い方です。

数年前まで、私は大手証券会社で働いていました。しかし、リーマン・

ショックという、世界のお金の仕組みを崩壊させた金融事変を機に、「お金とは何か?」と聞かれても何も答えられない自分に気がつきました。いったいどういう理由で、太平洋の向こう側で行われた、一部の人による些細なデタラメが、日本で誠実に頑張っている人々のお金を奪い、仕事を奪うことになったのか。自分は、お金に関する決定的な何かを知らないのではないか。

そう考えた私は、お金について学ぶために世界を旅することにしました。世界一の金融大国イギリス。GDPで日本を抜いた中国。「貨幣」が生まれた国トルコ。世界最貧国の一つバングラデシュ。お金を燃やす風習を持つベトナム。世界で最も有償労働時間が短い国デンマーク。新しいお金の世界を見せる国ドイツ。他にもたくさんの国々で、お金の仕組みを学び、また、お金を使う人々と出会い、お金への意識、扱い方を教わってきました。

そして、気づいたのです。「日本人は、世界一、お金のことを知らない」と。

それは、「お金＝汚いモノ」という無意識な誤解のもと、お金に関する教育をほとんど受けてこなかったからだと。お金の仕組みを発展させてきたイギリスなどの先進国と比べても、お金にシビアに生きるインドなどの後進国と比べても、私たちのお金に関する知識と経験は圧倒的に不足していました。

お金を稼ぎたい、貯めたい、増やしたい。そんな、「お金が欲しい人」がまず最初にやるべきことは一つです。当たり前のようですが、お金の仕組みを学ぶことです。お金とは、国語や算数、理科や社会、そして近年、声高に叫ばれている英語教育と同じくらい「学ぶべき」ものなのです。

だからこそ本書では、お金のことで不安を抱えていたり、稼ぐことに苦しみを感じている人に、お金の「仕組み」を学び、「扱い方」を少し変えるだけで、お金持ちに近づくきっかけを得られること。さらに、「つながりキャピタリズム（資本主義）」とも呼べる新しいお金の世界について理解することで、お金を稼ぐ手段である「働く」という行為や、お金でつながる人々との付き合い方さえも、劇的に楽しく、豊かになるという事実を伝えたいと思います。お金を学ぶ、と聞くと難しいことのように聞こえがちです。しかし、この本は、お金に関する世界中の都市を巡った旅行記でもあります。「旅」というリアルを通して、できるだけ、読みやすく、理解に易しく、より実感を持ってお金のことを知っていただけるように書いたつもりです。

本来、お金とは、私たちを幸せにするために発明された素晴らしい「道具」です。お金に振り回される人生から、お金を道具として使いこなす人生へ。世界のお金の歴史を知り、「お金とは何か?」という問いかけに答えを見出し、新しいお金の世界で、あなたが望む働き方と生き方を摑みましょう。

お金について学ぶために、世界を旅する　渡邉賢太郎

Contents

第一章

日本人は、世界一、お金のことを知らないという事実について

イギリス
the United Kingdom

インド
India

日本
Japan

金は良い召使いだが
場合によっては悪い主人でもある

フランシス・ベーコン
（哲学者／1626）

お金について学ぶために、世界を旅する

「お金について学ぶために、世界を旅する」。そんな一つのテーマを持って、私は、世界一周の旅に出ました。

お金とは何か？　この質問に明確な答えを導き出せる日本人は、いま、どのくらいいるのでしょう。２００６年に証券会社に入社した当時の私も、２００８年にリーマン・ショックと呼ばれる金融事変を経験した当時の私も、この答えを導き出すことはできませんでした。何もできないまま、何もわからないまま、目の前でお客様の資産が減っていく。企業の倒産の声が聞こえてくる。

リーマン・ショック。いったい、どういう理由で、太平洋の向こう側で行われた一部の人によるほんの些細なデタラメが、日本で誠実に頑張っている人々のお金を奪ったり、仕事を奪ったりすることになったのでしょうか。

この時初めて、私はこの世界に存在する「お金」や「資本主義」といったものについて、実は自分が何も知らないことに気がつきました。もちろん、「上海証券取引所」「BRICS」「インドの経済成長率」などの経済用語や情報は、知識としてはたしかに知っています。しかし、本を読んでも、日経新聞を毎朝早く隅々まで読んでみても、何の実感もありませんでした。

考えてみれば当然のことですが、私はそれらの言葉を生み出した国々を訪れたことが一度もなかったからです。リーマン・ショックを機に、私は現在の世界におけるお金の仕組みへの憤りを感じるとともに、「自分はお金に関する決定的な何かを知らないのではないか？」という疑問を持ちはじめました。それが、お金について学ぶために世界を旅するきっかけでした。

私たち日本人は世界一、お金のことを知らない

私たち日本人は、世界一、お金のことを知らない。それが、2年40カ国の世界を巡る旅を経て私が知った、最も衝撃的な現実でした。

中国に抜かれたとはいえ、2013年時点のGDPではアメリカの16兆7680億ドル、中国の9兆4960億ドルに次いで、4兆8980億ドルと世界で第3位の規模を誇る経済大国、日本(IMF(国際通貨基金)World Economic Outlook 2014年10月版)。一人当たりのGDPも3万8467ドルで、家計の金融資産が1600兆円を超えるという世界屈

指のお金持ち。国民の大多数が、世界人口のトップ5％という富裕層に入るこの国（Global Rich List）。

ただ、そんなデータとは裏腹に、自分のことを「お金持ちだ」とか「経済的な自由がある」と実感している人は、いまの日本にどのくらいいるのでしょう。このデータと実感のギャップの原因は、私たちが、世界で最もお金に関して無知な人間だったという事実にあったのです。

この世界をつなぐ
最も大きな力は「お金」だった

2011年5月から2013年4月までの2年間、私は世界を旅しました。

西へ西へと40カ国を歩きまわる毎日。旅の途中、宿に泊まるにも、次の街に向かうにも、腹を満たすにも、お金なしには考えられませんでした。逆に言うと、お金さえあれば、言葉が通じなくとも、気持ちを伝える手段などなくとも、とにかく前へ進むことはできるのだと実感しました。

日本のコンビニでも、アフリカの奥地の売店でも、アイスランドのガソリンスタンドでも、ブラジルのカーニバルでも、ニューヨークの五番街でも、あらゆる場所でお金がなければ私は何も得ることができず、逆にお金さえあれば何でも手に入れることができました。その意味で、まぎれもなく、お金は世界をつないでいる最も大きな力でした。

同時に、知ってしまったのです。私たち日本人は、お金についてあまりにも無知だという事実を。そして、そのために、どれだけお金に振り回された人生を過ごしてきたのかを。さらに、これまでのお金の仕組みを根本から覆す「新しいお金の世界」がすでに到来していたことを。

世界中の人々の暮らしを知ると「お金とは何か?」が見えてきた

お金に関する知識は、経済新聞にも教科書にも十分すぎるほどあります。私たちはその情報に自由にアクセスすることができます。しかし、そこから知識を得ることと、お金を真に理解することとは異なります。なぜなら、お金は、その捉え方や扱い方によって、まったく姿を変えるものだからです。

私は、世界中のあらゆる場所で「お金」を見つめてきました。理解できない文字で書かれたお金。落書きだらけのお金。命を救うお金。心を踏みにじるお金。希望をつなぐお金。感謝を込めたお金。国境をまたいだ瞬間、紙くずになったお金。お札の絵柄一つひとつにも見えた、その国の政治状況。お金という、世界をつなげる仕組みの本質。

そして、そのお金を使う「人々」の姿を見てきました。お金を使う人々、その向き合い方、扱い方。お金がなく、不幸せな状態から抜け出せずにいる人、あるいは十分すぎるほどのお金があるのに、心を病み自由になれずにいる人。お金を稼ぐために、命を削る人。

一方で、お金がなくても家族や仲間に囲まれて楽しそうに暮らしている人たちにもたくさん出会ってきましたし、もちろん幸せなお金持ちにもたくさん出会ってきました。

そして、「新しいお金の世界」との出会い。そのすべてが、世界を旅して初めて知ることのできたお金の真実でした。

「お金」と「自分」との関係を新たなものに

私が証券マンとして働いた数年間と、世界を旅することで体験できたお金の経験を通して、本書でみなさんに伝えたいことは三つです。

一つ目は、私たち日本人は、世界一、お金のことを知らないという事実。この事実から、お金とは正しく学ばなければいけないものなんだということをまず実感していただきたい。二つ目は、「お金とは何か？」という、本質的な問いに対する答えです。その答えから、お金と自分との関係を新たなものにしていただけたらと考えています。

そして三つ目は、すでに到来している「新しいお金の世界」について。その世界の正体と、その世界で私たちはどのように生きていけばよいのか？という問いへのヒントを提示したいと思います。

そして、一人でも多くの方が、ポジティブなお金観を持ち、お金と自分との関係を新たなものにし、「新しいお金の世界」で幸せな暮らしをおくるきっかけにしていただければ嬉しく思います。

Governor and Company of the Bank of England

イギリス　―　国家の中央銀行に小学生が遊びにいく国

―　私たちは、お金のことを何も知らないまま大人になった　―

資本主義を生んだ金融大国イギリス

私たちは、あまりにもお金のことを知らない。その事実に気づかされたのは、金融大国イギリスを訪れた時のことでした。

イギリス。味気ないフィッシュアンドチップスと二階建てバスの国。ユーラシア大陸北西にある島国で、アイルランド島でアイルランドと国境を接しています。18世紀半ばから19世紀にかけて、産業革命と海軍力を背景に世界の覇権を握り、現代の資本主義を生み出したのがこの国です。

人口はおよそ6400万人。一人当たりのGDPが3万9371ドルで、日本と同じくらい。通貨はUKポンド（GBP）。1GBPは約182円です（2015年1月現在）。

カフェやレストランに入れば、安い店でも6GBPは使います。地下鉄も初乗りで4GBPからと、公共交通機関も他の国と比べてかなり高く、総じて物価は高い国です。ただし、少し郊外に移ると99ペンスショップという日本でいう100円均一のような店もあり、人々の生活水準に応じて幅広い選択肢があるともいえます。

その首都、ロンドン。世界金融の中心といわれるこの街には、石造りの荘厳な建物が並びます。この一画にイングランド中央銀行の博物館があります。ロンドン名物の二階建ての赤いバスを降り、入り口につくと、なぜか小学生くらいの子どもがわんさかいました。どうやら、社会見学のようです。

その様子を見て、この博物館は子ども向けの飾りなのか？　と少し気がそがれましたが、セキュリティゲートをくぐって子どもたちの後に続きます。すると、正面入り口にある何かに子どもたちが群がっている様子が見えました。

「インフレーション」を小学生の頃から学ぶ国

子どもたちは、何やら画面をのぞき込みながら必死に操作しています。スーパーマリオのようなゲームを楽しんでいるようです。画面の右側に向けて進んでいく気球を上下させながら操縦するという、シンプルなゲーム。これがなかなか難しい。気球を上昇させようとして気を抜くと行き過ぎてしまうし、慌てて下降させると、今度は墜落してしまいそうになります。

実はこれが、「インフレーションとは何か?」を体験するアトラクションだったのです。展示物の説明書きには、このように書かれていました。「これは、物価コントロールの舵取りの難しさを上昇と下降を繰り返す気球の操縦に見立てて体験できるアトラクションです」と。

はたして、日本に「インフレーション」という言葉を聞いて的確に説明ができる大人はどのくらいいるでしょうか。そんな取っつきにくい言葉が、博物館の一番最初に、そして何より、小学生の子どもたちに向けて展示されている。そのことに私は衝撃を隠せませんでした。

お金を強く求めているのに「お金＝汚いモノ」と感じる日本人

この時、あらためて実感した事実として、まず挙げられるのは、日本人、特に私たち30代以下の世代は、知識と経験の両面で、「お金に関する教育」をほとんど受けていない、ということです。

私自身、小・中・高・大学を経ても、お金について学ぶ機会はなかったと思います。もちろん経済について学ぶことはあっても、「お金とは何か?」という本質的な問いについて、具体的に考えぬく機会はありませんでした。学校だけではありません。家族や友達ともアルバイトの時給についてくらいしかお金の話はしたことがありませんでした。

その原因は、どこにあるのか? その一つに、日本人が持つ「お金=汚いモノ」という無意識の感覚が挙げられます。私たちは、お金の話を一種のタブーとして扱ってしまっているのです。特に、子どもに対してお金の話をするのは嫌がられます。ある投資教育を実践している教師が全国の中学校や高校をまわるたびに「お金ってきれいなものですか? それとも汚いものですか?」という質問をすると、約500人の生徒のうち8割弱が「汚い」と答えたそうです(『日本経済新聞』電子版2013年2月8日付)。

日本人は、勤勉に働き、ボーナスを喜び、お金を強く求める一方で、お金を汚いモノとして避けてもいる。そのような矛盾がお金に関して根本的な知識のない大人を生んでいるのではないでしょうか。私たちはまず、この植えつけられた矛盾を捨て、「お金とは、正しく学ぶべきものなのだ」と認識を改めることから始めなければいけません。なぜなら、お金は本来、人間がより便利に、より幸せになるために生み出した、偉大なる発明なのですから。

欠落してしまったお金への感覚

また、私たちは「経験」としてもお金について学ぶ機会を得てきませんでした。お金の稼ぎ方や投資の仕方といったテクニカルなこともそうですが、もっと単純にいうと、私たちはお金に困らない生活を与えられてきたからこそ、お金に無知になってしまったのです。

私たちにはイメージもできないことですが、近年でもジンバブエというアフリカの国では、政治的な失敗や干ばつなどの影響により、物資が極度に不足し、2000年から2007年までの7年間に物価が650万倍に上昇する「ハイパーインフレ」という出来事が起こったのです。これは、モノの価値に対してお金の価値が急激に下落したことを意味します。結果、なんと「100兆ジンバブエ・ドル」というお札まで発行されたのです。

幸いなことに、戦後世代、特に私のような1980年代生まれ以降の若い日本人は、物価の急激な変動や、極端な例では、お金が紙切れになったりというような出来事も、お金がなくて餓死するような危機も経験することがありませんでした。水や空気と同じように、ごく自然に生まれた時から、お金は身のまわりにあふれていました。

だからこそ、現在の世界におけるお金の仕組みやルールに対して、疑問を持つことも、必死に理解する必要もありませんでした。現代の資本主義の価値観とそのルールを西欧からそっくり輸入してしまった私たちには、お金というものが、どこかのだれかが自分たちの都合のよいようにつくったもの、人間によってつくられたものだという感覚が欠落しているのです。

グラミン銀行が示す「お金教育」の必要性

一方で、あくまでもお金は道具であること、そして、その取り扱い方やルールも自分たちが「つくりなおせること」を知っている人がいます。冒頭で述べた、イギリスで小学生の頃からインフレーションについて学ぶ子どもたちです。この差が、長期的な国家や民族レベルでの経済的豊かさの差になっていくのだと思います。

お金に関する教育の大切さは、ノーベル平和賞でも有名なバングラデシュのグラミン銀行の取り組みからもわかります。銀行として、超低金利で貧しい人々にお金を貸すだけでなく、お金に関する「教育の機会」を与えたのです。手に入れたお金を単なる消費としてまわすのではなく、お金を投資して、付加価値を生み出し、増やすという意識や、借りたお金を期限までに返すことが信頼関係につながるという意識を持たせました。今では10万人以上の人々がグラミン銀行から融資を受け、お金についての知識を身につけ、世界最貧国と呼ばれた過去から、一歩ずつ抜け出そうとしています。

お金とは、国語や算数、理科や社会、そして近年、声高に叫ばれている英語教育と同じくらい「学ぶべき」ものなのです。

数字にはっきりと現れる、お金の教育レベルの差

イギリスには、ロンドン証券取引所という世界一の取引所があります。元証券マンとしては、一度は訪れたい場所です。ロンドン証券取引所の外国為替の一日の平均取引金額は２兆７２６０億ドルで、ダントツの世界一。世界の覇権はアメリカに移ったとはいえ、いまなお、ここは世界金融の中心地です。そんなイギリスと日本を比較できる、興味深い数字があります。

イギリスの中で、金融資産を１００万ドル以上持つ、いわゆる富裕層は51万世帯。これはアメリカ、中国、日本に次いで世界第４位の数字です。ただ、大事なのはこの後の数字です。金融資産を1億ドル以上持つイギリスの超富裕層は１０４４世帯とされ、この数はアメリカに次いで世界第２位と

なる数字。ちなみに、日本は？　というと、15位以内にすら入っていません。

くわえて、日本とイギリスの個人金融資産の内訳にも大きな差が現れています。金融に関する知識が不足している日本では、個人金融資産の6割近くが現預金。つまり、銀行に預けられています。一方、イギリスでは、年金保険や株式、投資信託など金融の知識を必要とするものの割合が7割を超え、現預金はわずか3割程度にとどまっています。これらの数字にも、日本とイギリスのお金に関する教育レベルの差が現れているといえます。

「お金＝汚いもの」という無意識を捨て去る

Let go of the unconscious impression that money is dirty.

Reserve Bank of India

インド　一　値札のない買い物

――圧倒的に「お金の経験」が不足した、現代の日本人――

混沌の国で始まる、爆発的な経済成長

インド。牛とガンジスの国。北西にパキスタンやアフガニスタン、北は中国やブータン、ネパール、東にミャンマーとバングラデシュと接する。また海を挟んでスリランカやモルディブにも近い。

人口はおよそ13億人。一人当たりのＧＤＰは１５０９ドル。これは、東京オリンピック直後の１９６０年代後半の日本で、カラーテレビ、クーラー、自動車といった新・三種の神器が普及した高度経済成長期にあたるといえます。

通貨はインド・ルピー（ＩＮＲ）。１ＩＮＲがおよそ１・９円。チャイが１杯５ＩＮＲなので10円ほどです。

道はガタガタで、人にあふれ、埃っぽく、国中が騒然としていますが、こ

の国が放つ熱気は世界中の投資家から注目を浴びています。

証券マン時代には、この国の高速鉄道整備に秘められた可能性や、自動車などの工業とともに、消費の爆発的な成長期待から、タタ・モーターズといったインドの上場企業の株式に投資する投資信託を扱っていましたし、実際に投資されるお客様も多くいらっしゃいました。

さらに一つ付け加えておきたい点は、インドの人々には優秀なビジネスマンが多い、ということです。MicrosoftやGoogleなどの世界を代表するＩＴ企業の経営層に多くのインド出身者が並ぶことからも、それはわかります。


インドへは、ネパールのポカラから陸路で国境を経て、列車にて聖地バラナシに入りました。聖なる河ガンジス沿いにつくられたこの街は、まさに混沌。世界中から訪れる観光客と、牛にリキシャ（自転車タクシー）に、大麻売りに、露天商に、長い髭をたくわえたサドゥ（修行僧）たち。川岸には遺体を包んで燃え盛る炎、それを取り囲んで泣きじゃくる人々。その遺体を川に流す役目の人。少し上流では、神妙な面持ちで沐浴をする人がいます。

どこを歩いていても、それぞれの「人生」が丸出しで、飽きることはありません。混沌の空気、そしてこの街の持つ極彩色の音と香りに多くのバックパッカーが魅了されます。私は、この街に3週間近く滞在しました。

バラナシの値札のない電器店

そんな街で、湯沸かし器を探していた時のことです。旅の最中に、コンセントにじか差しできる電熱線湯沸かし器の存在を知り、バラナシの電器店を探してまわりました。電器店といっても、露天商のようなものばかりで、日本の大型電器店のように何でも揃っているわけではありません。何より異なるのは、一切、商品に値段が書いていないという点です。

旅している間は、値札のない売店など当たり前の存在ですが、よく考えてみてください。日本で、商品の値段が書いていない電器店を訪れたことはあるでしょうか？

いくつかのお店をまわり、店主に値段を聞いてみるものの値段はバラバラ。ある店のおじさんが「これは30ルピー、こっちは50ルピーだよ」と足元から二つの湯沸かし器を引き出して見せてくれました。ほとんど違いがわからなかったので「どう違うの？」と聞くと、「安い方は中国製で、高い方はインド製。もちろんインド製の方が信頼できるから高いに決まってるだろ」とのこと。ボロボロの石畳の上で軽くバランスを取りながら、なるほど、そういうものかと思いつつ、「ありがとう。けど、他も見てくるよ」と離れようとすると、おじさんが私を呼び止めます。

「ちょっと待て。じゃあ、中国製なら20でいいぞ」とのこと。「え？　じゃあ、こっちのインド製のは？」「そっちは40」「なるほど…。やっぱり、他見てくるよ」「OK。じゃあ10で」「じゃ、インド製のこっちは？」「だから、そっちが10でいいよ」と。「えっ？」。思わず、「なんじゃそりゃ」と日本語で声を出してしまいました。

圧倒的に値段交渉が苦手な日本人

バックパッカーとして旅をしていると、インドに限らず、経済的に成長途中の国々では、値段交渉は日常茶飯事です。店主も慣れたもので、相手を見ながら値段をふっかけてきます。のちに訪れたケニアでは、私と同じ内容のサファリツアーを倍近い値段で購入していた日本の大学生が「騙された！」と憤慨していました。この話、旅先ではふっかけられるから気をつけろよと言いたいわけではありません。

道中の値段交渉を通して、ふと湧いた疑問があります。それは、私たち日本人は圧倒的に値段交渉に慣れていないのではないか、ということです。なぜか？　それは「定価」という流通をスムーズにするためのサービスに、あまりにも慣れすぎているからです。普段の生活の中で、私たちが値段交渉をすることはほとんどありません。コンビニでも電器店でも、たいていは値札に書いてある通りの価格で購入しています。その一方で、値段のない鮨店に入ることはかなり勇気がいる行為だとみなさんも感じておられるでしょう。

値札があることで、私たちは知らず知らずのうちに、モノの価値を自らの目で見極め、交渉する力を失ってきたのではないでしょうか。そして、このような力は、特に日々大金を扱うビジネスの世界では必要不可欠なものです。

インド人に優秀なビジネスマンが多い理由

インド人に優秀なビジネスマンが多い理由は、数学が得意な民族であるとか、激しい競争を勝ち抜いているなどいろいろな理由があると思いますが、小さい頃から慣れ親しんできた、値札のない買い物という暮らし方が影響していると思わずにはいられません。

実際、起業家の聖地と呼ばれるアメリカのシリコンバレーの起業家の４人に1人がインド人だともいわれます。彼らの成功の秘密は、ネゴシエーション・スキル＝交渉力にあるそうです。インドでは何を買うにも値札がない。すべて、売り手と買い手の交渉によって値段が決められる。そんな環境の中で生きれば、子どもの頃からタフな交渉力が身についてくるのは当然だと。

たとえば、「hotmail」というアイデアを生み出したサビール・バティア氏は、その事業をマイクロソフトに売却する時、故郷の野菜市場で鍛えたスキルを十分に発揮し、ビル・ゲイツ氏の言い値が1億6000万ドルだったのを4億ドルにまで引き上げて、巨万の富を得たといわれています。

「定価」というルールは、日本で生まれた

ちなみに、私たちが慣れ親しんでいる「定価」という概念をつくったのは、実は日本人だといわれています。世界で初めて一般向けの定価販売を始めたのは、われらが日本の三井高利が開いた越後屋（後の三越）であるといわれているのです。

幸いにも、企業や政府のたゆまない努力によって、日本にいる私たちが目まぐるしい価格変化にさらされることはありません。しかし、そのような環境に甘えて、モノの価値を自らの目で見極める力を養わないまま生きていくことは、決して未来あるお金との付き合い方ではないでしょう。後述する「新しいお金の世界」では、その力こそが非常に重要になってくるのです。

イギリスで痛感させられた、日本人のお金に関する「知識」の不足。それは、経済的に豊かな国で生きる人々と比べて、というだけではありませんでした。発展途上国と呼ばれる国で生きる人々と比べても、お金に関する「経験」は圧倒的に不足していると言わざるを得ません。

日本人は、あまりにもお金のことを知らない。その事実を私は世界中で実感しました。そして振り返れば、私は証券マン時代、「お金とは何か？」を知らないからこそ、いくらお金を稼いでも、お金持ちになったとしても、不幸せになっていく人々を日本でたくさん見てきたことを思い出しました。

モノの価値を自らの目で見極める習慣をつける

Develop the habit of evaluating things by your eyes.

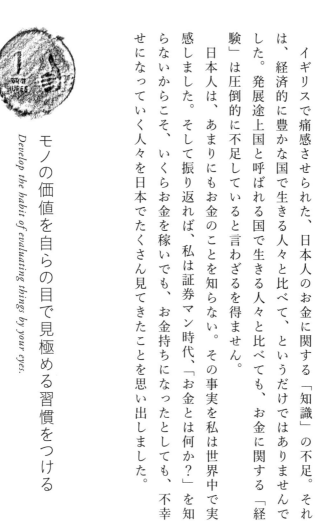

第一章　インド

Bank of Japan

日本 — 証券マンが見てきた、不幸せなお金持ち

―お金を盲目的に信じ続けている日本人―

お金持ち＝幸せの方程式は成り立たない

世界一周の旅に出る前、私が証券マンをしていたのには二つの理由がありました。一つは人間性を磨くため。もう一つは、「お金持ちになる方法」を学ぶためでした。しかし、そこで気づいたことは、お金持ち＝幸せという方程式は成り立たない、という意外な事実でした。様々なお金持ちとの出会いの中で、たくさんのお金に関する疑問が生まれてきたのです。

将来、起業家として活躍したいと考えていた私は、学生時代にお世話になったとある起業家が、元証券マンだったことに思い切り影響を受けました。まずは、「経営者に信頼される人間」になることに挑戦しよう。そう思い、人間性を磨く修行として、証券会社のリテール営業（個人富裕層への営業）を経験したいと考えました。

お金のプロフェッショナルとしての証券マンの仕事

証券会社と聞いてよく想像される仕事の一つに、パソコンを何台も前にして、電話片手に億単位のお金を動かす、いわゆるトレーダーという仕事があると思いますが、新人としての私の仕事はとても泥臭い営業活動でした。

配属初日にゼンリンの地図を渡され、「君のエリアはここからここまでだから。じゃ、いってらっしゃい」で、いきなり名刺配りと名刺集めの旅に送り出されるのです。右も左もわからないので、とりあえず地図にある建物を一つひとつ最上階から、順番に訪ねては「社長さんに挨拶がしたい」と言って名刺を置いていきます。とりあえず、翌日も、そのまた翌日も、同じ地域をただ名刺を持って飛び込み続けます。しかし、ここで問題なのは、毎年同じ時期に同業他社も新人営業マンを街に放つということです。すると、ビルの受付のお姉さんや社長の奥様は、一日に何度も「社長（夫）は留守です」と告げなければなりません。そのストレスは当然、飛び込んでくる新人営業マンにぶつけられます。

そんな日々の中、私は一つのルールを自らに課していました。それは「会社経営者しか自分のお客様にはしない」というものです。会社の規模にかかわらず、社員を率いている経営者は人を見る目に長けている。そんな彼らに認められるような人間になりたい、と考えていたからです。

新人の証券マンは、飛び込み営業とは別にとにかく勉強をします。私の場合、朝5時に起床。『日経新聞』を一面から隅々までマーキングして読み込む。5時45分からテレビ東京の「モーニングサテライト」を横目に出社準備。7時前には出社し、先輩社員と今朝の日経紙面について勉強。8時には朝礼、世界の株式市場に関する最新情報の確認。東京市場が開く9時前には、その日勧める株の銘柄についてセールストークを数パターン練っておく。夜には、自社のアナリストレポートや専門書でさらに知識を積み重ねます。

しかし、相手は百戦錬磨の会社経営者たちなので、これでもまったく足りません。さらにはお客様の取引先になっていそうな上場企業の経営状況や株価動向、業界の最新事例までとにかく情報を詰め込みます。それだけの準備をして、ようやく、いつか社長とお会いできた時、そのワンチャンスを摑むことができます。

そんな日々を繰り返しながら、私は徐々に、日本のいろいろなお金持ちの経営者の方々とご縁をいただくことになりました。

お金はあるのに、家族との縁を失う資産家

お金持ちのお客様と仲良くなると、より深いお金の話をすることになります。そして、興味深いことに、お金の話というのはいつも人生の話そのものでした。

あるご年配の資産家の女性がこんな話をしてくれました。その方は、趣味で刺繍の先生などをしておられる、とても上品な方でした。相続などについて考えるために、私がある保険商品を提案した時のことです。普段は見せる

ことのない暗い顔で、その方はポツリポツリと語られました。

「私は母が亡くなった時に、兄妹と遺産相続でもめてね。それなりにまとまったものが残っていたし、当時はみんな商売もやっていたでしょ。だから、だんだん話がこじれてしまってね。結局、兄妹間で裁判まで起こすことになったのよ。もうその話は終わっているけれど、以来、兄妹とは10年以上も連絡をとっていないのよ。だから、自分の子どもたちには絶対にそんなことはさせたくないと思っているの」

この話を聞いて、幸せになるためにはお金が必要だと思っていた私は、驚きを隠せませんでした。一生を苦労なく暮らせる十分なお金があるにもかかわらず、そのせいで家族との縁を失う。この時から、お金があることと、幸せになることは「イコール」ではないのかもしれない、と考えるようになりました。そして、その思いはその後ますます強くなっていきました。

手にしたお金を守ることに人生を費やしてしまった経営者

ある企業の二代目経営者の方は、戦後に起業した先代から、年商数十億円という会社を託されていました。手にしたものは、生きていくことにはまったく困ることのない十分な額の資産。しかし、この方は十分な資産をお持ちにもかかわらず、人生のほとんどの時間を「心配事」に費やしていたのです。その心配事とは何か？　託された会社の資産を減らさないこと、です。

この方の口癖は、「増やさなくていい。減らなければ」でした。たくさんのお金があるからこそ、人生の大半をその財産を守ることに費やしてしまっておられたのです。10億円、20億円と手元にある資産が大きくなればなるほど、それを維持管理するのも大変です。お金持ちの中には、知らず知らずのうちに、持っているお金自体に人生を縛られてしまっている方もいました。

使い切れないほどのお金に
心を支配されてしまった投資家

また、ある不動産管理会社のオーナーは、毎日欠かさず株式市場の値動きを追う熱心な投資家でした。保有する株の十数銘柄の始値、高値、安値、終値をノートに記録する毎日。それらの株はバブル崩壊前に購入したものだそうです。しかし、その株もいまや、購入した当時の半分以下の水準で値動きをしていました。「バブル時の損を株で取り戻したい」。そんな言葉を聞くたび、過去に失ったお金にとらわれているように感じました。

この方も、私から見れば十分すぎる資産を持っていましたし、マンションの家賃収入などの不労所得もあるわけで、働く必要さえまったくありませんでした。私が行ったバックパッカー型の世界一周の旅なら、100周してもまだ使い切れないくらいのお金がその方にはある。にもかかわらず、心はずっとバブルで失った資産と、毎日の株価を見ることにとらわれていたのです。

私は、たくさんの方々との出会いの中で、お金持ち＝幸せではないことに気づきました。では、幸せとはいったい何なのでしょうか？　お金をためるという行為にはどんな意味があるのでしょうか？　どうして日本には、こんなにもお金に振り回される人生を過ごしてしまう人々が多いのでしょうか？

そういった疑問が私の心の中にたまっていきました。

矛盾を感じながらも、私は証券マンとして、お客様の資産を「増やす、守る、残す」のお手伝いをしたいと考え、努力を続けていました。ただ、相場は本当にわからない。よかれと思って勧めた株が期待通りに値上がりするとは限らない。株式投資に限っていえば、勝率は良くて五分五分です。

私は徐々に、証券マンとして働くことに違和感を覚えはじめました。その違和感の原因は、お客様の損得にかかわらず、私が勤める証券会社はきちんと利益を上げ、私自身も一定の給与を得ていた、という事実にありました。

ゲームのように増殖するお金とは、いったい何なのか?

証券会社の利益構造をごく簡単にいうと、証券会社は「手数料」で収益を得ます。たとえば、お客様が1億円分の株を買ったら、その時点で1%の

100万円を手数料としていただきます。1カ月後、その株が1億2000万円に値上がりして売却されれば、同じく1%の120万円を手数料としていただくのです。証券会社の収入は合わせて220万円となります。お客様の資産は大雑把にいえば、証券会社への手数料を支払い、約1780万円分増えたことになります（税などは考慮せず）。

しかし、逆に1カ月後にその株が8000万円に値下がりしてしまったらどうなるでしょう？　お客様が株を売却するとなると、そこでも証券会社は1%の80万円をいただきます。最初の1億円の株を買われた時の手数料と合わせた180万円が証券会社の収入になります。そしてお客様は、2180万円ほど損をします（税などは考慮せず）。このように、お客様が得をしても損をしても一定の収益を上げられるのが証券会社なのです。

もちろん、証券マンの多くは、それに見合う努力をしています。しかし、それでも私は違和感を持たずにはいられませんでした。現在の証券会社では、お客様と現金のやりとりをすることはほとんどありません。すべての売買は口座情報としてデータで管理されています。なので、私が担当するお客様の億単位の資産も、データとしてパソコンの画面上に数字の羅列が登場するのみ。その画面上の羅列が、データ上で株式や債券、投資信託に変わり、また現金に戻る。その結果、会社は収益を上げ、私の給与が銀行口座に振り込まれる。
仕組みとしてはわかります。しかし、目の前のパソコン上の数字の変化が、私の給与となり、やがてはATMで引き出す現金になるという、リアルさのかけらもない仕組みに、やはり違和感を覚えました。

現実に目の前に存在しなくても、まるでゲームのように増えたり減ったりするお金。いったい、お金とは何なのでしょうか？　そしてその違和感が明確になったのが、「リーマン・ショック」という出来事だったのです。

太平洋の向こうで始まった世界金融危機

証券マン2年目。2008年の9月。「リーマン・ショック」が起こりました。サブプライム問題という出来事がこの金融事変の発端です。ごく簡単に説明をすると、アメリカのある金融業者が「住宅価格が上昇し続ける」ことを前提とし、収入の不安定な人々に甘い審査でローンを組ませ、高い金利でお金を貸し続けたのです。「お金を貸してあげるから、家買っちゃいなよ。もし収入が減って計画通りにお金が返せそうになくても、その時には家の値段が上がってるから、それを売って返せばいいじゃん!」といった具合です。

さらに、いくつかの金融機関が、このローンがきちんと返済されることを前提とし、「金融工学」という高度な数学にもとづく「証券化」という手法を用いることで、ＭＢＳ（不動産担保証券）やＣＤＯ（債務担保証券）など、一般の人々には到底理解できないような複雑な金融商品を開発しました。

この商品のポイントを簡潔にいえば、「低所得者１人にお金を貸して返ってこないと、大損するのが怖いよね？　でも、１０００人に分散してお金を貸せば、全員が返せないなんてことはないはず。だから安心して投資できるでしょ？」という感じです。これにより、一見少ないリスクで非常に高い利回りが得られる魅力的な金融商品となるのです。

くわえて、この金融商品に対し、Ｓ＆Ｐやムーディーズといった世界の格付け機関と呼ばれる会社がＡＡＡ格というお墨付きを与えたのです。これは、当時世界最高の信用力を誇っていた米国債と同じで、日本（当時ＡＡ格）が発行する国債以上にこの債券が信頼できると言っているのと同じ意味を持つほどの影響力でした。そして、この金融商品を大量に発行していたのが、世界最大級の投資銀行であるリーマン・ブラザーズだったのです。

現在の世界のお金という「システム」の崩壊

こうなると、世界中の金融機関が、こぞってこの安全で利益も高い金融商品を購入することになります。しかし、この仕組みの大前提はあくまでも「アメリカの住宅価格が上昇し続ける」ことでした。では、この前提が崩れるとどうなってしまうのでしょうか？

実際に、２００６年６月に住宅価格が下落に転じると、「あれ？　これはまずくない？」と世界中の投資家や金融機関が気づきました。すると、「リーマンは危ないぞ」という噂が拡がりはじめました。リーマンは、返済や支払いのために必要な資金をどこからも調達することができなくなり、結果として64兆円という史上最大の負債を抱えたまま、倒産してしまったのです。

リーマンほどの大投資銀行であれば、世界中の金融機関との付き合いがあります。その世界中の金融機関もまた、リーマン・ブラザーズから支払ってもらうお金で次のだれかにお金を支払う予定でした。さらに彼らと取引のあった金融機関も、貸したり預けたりしているお金を回収できないかもしれないという不安が一気に拡がり、だれもが必要な資金を期限までに調達できないかもしれないといった非常事態になりました。

「リーマンからお金が戻ってこないかもしれない！」ということで、皆が慌てて相対的に安全な現金を確保するために手持ちの株式や債券などを売って現金化しはじめました。しかし、皆が一斉に株や債券を売ろうとしたため、マーケットは叩き売りの状態に。「もっと安くするからだれか買ってくれ！」というパニック状態に陥り、株価は軒並み下落。これが、世界中にあっという間に伝播し、2008年9月15日、リーマン・ショックと呼ばれる出来事となったのです。

なぜ、遠い国のデタラメが日本の人々の仕事を奪うのか？

この時、日本の証券会社も例に漏れずパニック状態でした。私が飛び込み営業のすえに開拓してきたお客様も、わずか数カ月の間に預かり資産は半分程度に減ってしまいました。

人によっては「どうなってるんだ！　今すぐ来い！」と電話口で怒鳴られました。もちろん、最終的な投資の決定はお客様自身の判断でなされたものです。とはいえ、互いに損したいと思って買ったり提案したりはしていないので、どうしても感情的になってしまいます。「とりあえず状況を説明したい」と言っても、「いまは来なくていいから」と怒鳴られることはなくとも、元気のない声で話をされることも多くありました。

そして、そこから起きる株価の下落は、国内のお金の循環を急速に悪化させ、建設業、不動産業、製造業を中心とした中小企業が倒産したり、上場企業ですら33社が倒産するといった事態につながりました。直近まで3％台後半から4％台前半で推移していた完全失業率も、2009年には5％台に上昇。結果として私たちの生活に大きな影響を及ぼしました。そこで私は強く疑問に思ったのです。

なぜ、遠い異国で行われたデタラメ（あるいは、勘違い）が、私たち日本人のお金を減らすことになるのか？　ただ一生懸命に働いている人たちの仕事を奪うことになるのか？　現在の世界のお金の仕組みへの憤りを感じるとともに、私たちはお金に関して、とても重要なことを何も知らないのではないか？　という疑問を持つようになったのは、この時からでした。

私たちが「お金とは何か？」を学ばなければならない理由

生きていくには十分すぎるほどのお金を持っているお客様の多くが、私の目には幸せそうには見えなかった。なりたい姿だとは思えなかった。ただ単にお金を稼いで、投資をして、儲かって、そのお金で好きなものを買ったり、遊んだりしていても、決定的な何かが足りなかった。

私たちは、そもそも「お金とは何か？」という問いについて、実は何もわかっていません。たとえば、いま、あなたが小学生に「お金って何？」と聞かれたとしたら、どのように答えるでしょうか？　普段、財布の中に入っている1万円札は、なぜ様々なものと交換できるのでしょうか？

もちろん、私自身は証券マンとして小手先の知識は学んできました。しかし、その知識を使って人が幸せになるのか？　と問われれば、自信を持って「ＹＥＳ」とは答えられませんでした。お金の仕組みもルールも、よく理解しないまま使っている。お金との正しい付き合い方とは？　稼ぎ方、増やし方、使い方とは？　わからない。結果、お金に振り回されてしまう。だからこそ、私たちはお金について学ばなければなりません。

お金のクロニクル（歴史）を紐解く

第一章では、日本人は、世界一、お金のことを知らないという事実から、なぜ私たちが「お金とは何か？」という問いを学ばなければならないのかをお話をさせていただきました。

続く第二章では、「お金とは何か？」その答えに近づいていきたいと思います。前提として認識していただきたいことは、お金とは、人間がつくった道具であり、仕組みだということです。そのルールも時代に応じて変わってきました。だからこそ、お金にはクロニクル（歴史）があります。

今に続くお金の源流が生まれた国、貨幣や紙幣が世界で初めて生まれた国、世界を実際に旅しながら、その歴史を紐解いていきたいと思います。

お金について学ばなければ
お金に振り回される人生を送ることになる

Without learning about money, life would be swayed by it.

GDP（国内総生産）

ある国の中で、一年間に新しく生み出された生産物やサービスの金額の総和のこと。GDPはその国の経済の力の目安によく用いられる。また、経済成長率はGDPが一年間でどのくらい伸びたかを表わすもの。経済が好調な時はGDPの成長率は高くなり、逆に不調な時は低くなる。本書では、IMF（国際通貨基金）のデータベースより、物価変動の影響を考慮しない名目GDPの値を用いている。

資本主義

産業革命以降に確立された経済体制。特徴としては、個人が自由に資本を持つことができること／資本家が労働者を雇って生産・商売ができることが挙げられる。結果、自由競争により経済は発展するが、一部の人が多くの資本を所有し、貧富の差や社会的不平等が生まれるジレンマが生じる。

資産

企業が所有する財産のこと。現金、売掛金（売上代金のうち未回収のもの）、商品、不動産、営業権といった会社の財産で構成される。広義では、家計や政府の経済的価値の総称。

中央銀行

国家や国家連合など同一の通貨地域において、金融組織の中核をなす銀行。「発券銀行」「銀行の銀行」「政府の銀行」であることを主な機能とし、国家の経済や市中銀行などの金融機関の良好な運営を守る。

インフレーション

物価の上昇と通貨価値の下落が継続的に続く状態のこと。バブルや軍需により通貨量が過度に増えることで引き起こされるディマンド・プル・インフレーションと、国が金融緩和を実施した場合など、供給側に要因を持つコスト・プッシュ・インフレーションに二分される。

倒産

企業が債務の支払不能に陥ったり、経済活動が困難になった状態。「会社更生法」「民事再生法」「破産法」「特別清算」を申請すること、あるいは手形・小切手が2回目の不渡りを出して銀行取引停止処分を受けることを広く「倒産」と呼ぶ。

ボーナス

年末や夏期などに、正規の給与以外に特別に与えられる賞与金のこと。その語源は、古代ローマの成功や収穫の神、「Bonus Eventus（ボヌス・エヴェントス）」といわれる。それが転じて「良い、ラッキー」という意味のラテン語の「Bonus」となり、今日の「予期しない贈り物」という意味合いのボーナスになった。

富裕層

野村総合研究所の定義によると、富裕層とは、年収3000万円以上で、金融資産が1億～5億円の人を指す。それ以上は「超富裕層」と呼ばれる。

後発開発途上国

国連が定めた世界の国の社会的・経済的な分類の一つ。開発途上国では、先進国の製造業が安価な労働力を求めて進出してきたことにより、国民所得の向上や、教育水準の向上が進んでいるが、後発開発途上国では、一次産品依存や、戦乱や災害に伴う労働力人口の減少の影響が深刻である。

株

企業が事業資金を調達するために、発行している有価証券。投資家が企業（株式会社）に出資したことを示すものであり、その資金を元手に企業は活動を行う。

格付け会社

金融商品または企業・政府などについて、その債務の元利金の返済能力に関する評価を行う企業のこと。投資家が債券などの金融商品への投資を行う際の参考データを公開する。S&P、ムーディーズ、フィッチで市場の9割以上が占められる。

サブプライム問題

自営業や、新入社員、借金のある人、アルバイトなど、返済能力の低い層を対象としたアメリカの高金利住宅ローン。2001～2007年頃に流行したが、住宅価格が下落したことと、金利負担の上昇により、ローンの延滞や債務不履行が急増。不良債権がふくれ上がり、その証券化商品の価格暴落によって、世界の金融市場と各国経済を大きく混乱させる原因となった。これにより、多くの個人が破産して自宅を失うことになった。リーマン・ショックの原因の一つ。

第二章

お金の歴史を紐解く——「お金とは何か?」という問いについて

ベトナム
Vietnam

エジプト・イラン・トルコ
Egypt・Iran・Turkey

スウェーデン・アメリカ
Sweden・the United States of America

中国
China

お金というのは力であり、自由であり
心痛を和らげるクッションであり
また、あらゆる悪の根源でもあるが
いっぽう、最大の幸福にもなるのである

カール・サンドバーグ
（作家／1967）

お金の歴史を辿る旅

世界を旅することで、初めて得られる知識と経験がたくさんありました。そして私は、お金の本質に気づくことができました。

第二章では、お金のクロニクル（歴史）を振り返っていきます。お金とはどこでどのようにして生まれたのか？　だれがどんな目的でつくったのか？　そして、どう進化してきたのか？　現代に続くお金の源流が生まれた国エジプトや、貨幣が生まれたトルコ、紙幣が生まれた中国やイランなどを巡っていきながら、「お金とは何か？」という問いの答えを導き出していきます。

そして、その後に続く第三章、四章では、その「お金を使う人々」に注目していきます。お金には「ポジティブお金観」と「ネガティブお金観」が存在し、そのどちらの考えを持っているかによって、お金の「稼ぎ方」「使い方」が変わるということ。

くわえて、保有するお金の量にかかわらず、幸せな人生をおくっている人がいる一方で、人間関係に問題を抱えていたり、どこか心の貧しさを背負って生きている人がいるということ。世界各国で目の当たりにしてきた、それらの事実について実体験を交えながら紹介します。

あなたの「お金観」を変えることから始めよう

お金の本質を探る一方で、私は、お金を使わない新たな価値の「交換」や

「創造」が始まっていることにも気がつきました。それは、インターネットがお金に取って代わりはじめた世界。お金の電子化（ビット化）により、コインや紙幣を持たずに生活を送ることができるようになった現在のさらにその先の世界。それは「お金が必要なくなる世界」でもありました。このあたりのことを第五章ではお伝えしたいと思います。

そして、終章では、来たるべき「新しいお金の世界」において、私たちがどのように考え方を変化させ、生きていくべきなのか？　お金と自分との関係をどのように新たにしていけばいいのか？　についてお伝えします。

お金の本質を知ることで、お金を稼ぐという行為も、決して「汚いこと」ではなく、自分らしく、楽しいと思えるものに、さらには学びの機会に変えていけるはずです。お金観の変化を通じて、一人でも多くの方が、お金に関する苦しみから解放され、幸せになってほしいと願っています。

State Bank of Vietnam

ベトナム　一　お金を燃やすおばさん

―　お金とは何か①　お金はただの紙切れである　―

取っ掛かりとなるヒント

お金とは何か?　この大きく取っ掛かりのない問いにヒントをくれたのは、ベトナムのホーチミンの下町に住む、一人のおばさんでした。

ベトナム。フォーとバインミー(ベトナム風サンドイッチ)の国。南北に長く伸びる国土を持つこの国は、北端を中国に、内陸でカンボジアとラオスと国境を接しています。街のいたるところで中国的な赤を貴重とした色使いを見かけるので、政治的、文化的にも影響を受けていることが感じられます。激戦のベトナム戦争が終わったのが1976年。ほんの40年前まで戦争を行っていたこの国は、いま目まぐるしい経済成長を遂げています。

人口はおよそ9170万人、一人あたりのGDPが1901ドル。日本でいえば、1960年代後半から70年代前半。大阪万博が開催され、一般家庭にカラーテレビや乗用車が普及。マクドナルドの日本第一号店が銀座に開いたのがこの頃です。たしかに、この国には勢いを感じます。通貨はベトナムドン（VND）、1000VND＝5・14円。朝食代わりに食べるのは、道端で売られているバインミー。これが1個4000VNDほどなので、バックパッカーにはとても居心地のいい物価の安さです。

首都ハノイでは、一日中鳴り止まないバイクのエンジン騒音と、パクチーとオイルの匂いがあふれる街の熱気に圧倒されました。同時に、夜遅くまで、宝くじのようなモノを大人たちに向けて売り歩く6、7歳くらいの子どもたちも大勢見かけます。

私は、中国との国境である河口（ハーコー）という街から入国し、首都ハノイからフエ、ニャチャンと南へ深夜バスを乗り継ぎ縦断。経済の中心地、南部の大都市ホーチミンへ到着しました。この街には、どこからでも見ることのできる巨大なオフィスビルがあります。笠をかぶったフォー屋台のおばさんたちにはおよそ似つかわしくない近代的な高層ビル。しかし、これほどこの国の経済発展を力強く示すシンボルはないでしょう。

この街の外れで、私はとある家族の家にお世話になっていました。決して裕福とはいえないながらも、夫婦と二人の子ども、おばあちゃんの幸せな家庭。観光スポットがあるわけでもなく、特段することもないので、日がな近所の公園や路地裏を歩いていました。

お椀の中でお札がチリチリ燃えている

ある日、ホストファミリーの隣家のおばさんが路地で何かを燃やしている姿を目にしました。のぞいてみると、なんと、お椀の中にお札のようなものが入っています。「何してるの？」と尋ねると「このお札は本物じゃないよ。これを燃やして、天国にいる先祖に届けるのよ。あっちでお金に困らないようにね」と言います。これはベトナムではおなじみの風習で、旧暦の毎月1日と15日に行われる「冥金（Tien Vang Ma）」というものだそうです。冥土にいる祖先が必要なモノを燃やして送るのだとか。

なぜ、紙切れがお金になるのか？

あっけなく燃えて灰になっていくお札を眺めながら、私はお金に関する二つの気づきを得ました。一つは、お金は天国に持っていけないということ。当たり前のことです。そしてもう一つは、「お金は紙だ」ということです。もっと当たり前のことでしょう。「なんて当たり前のことを言ってるんだ？」と笑われるでしょうか？　しかし、この事実を本当の意味で理解している人は、どれくらいいるのでしょう。

私たちが持っているお金は、ライターで火をつけたら燃えてしまいます。そんな紙切れが、なぜ千円や1万円の価値を持っているのでしょうか？

お金の中でも、千円札や1万円札のように紙でできたお金を「紙幣」と呼びます。試しにウィキペディアで検索してみると、こう書かれてあります。「紙幣（しへい）とは、広義には、公的権力（主に国家）により通貨として強制通用することが認められている紙片である。（中略）多くの国では中央銀行の発行する銀行券が一般的である」（2014年12月29日時点）と。つまり、私たちが普段目にする1万円札も、日本の中央銀行が発行する日本銀行券の一つなのです。
余談ですが、現在日本では多くのお年寄りの方が、使い切れないお金をだれにも託すことなく、亡くなっています。２０１１年には、亡くなった方の４・１％が相続税を納め、その額が実に１兆２５２０億円弱にも及ぶといいます。これは、この方々が計１兆円近くのお金を残して亡くなったことを意味します。私たちは、死ぬまでに使い切れないほど、お金をためこんでいるのです。

しかし、それほど人間が執着する紙幣は単なる紙だったりします。なぜ、紙切れがお金としての価値を持つことになるのでしょうか？　実は、紙切れがお金になる理由の中に、私たちがお金と自分との関係を新たにし、幸せな毎日をおくるヒントが隠されています。この後、お金に関する様々な起源を持った国々を巡りながら、その答えを探していきましょう。

紙切れがお金になる理由の中に幸せのヒントが隠されている

Happy tips are hidden in the reason why a piece of paper becomes money.

Central Bank of Egypt

Central Bank of Turkey

Central Bank of the Islamic Republic of Iran

エジプト・トルコ・イラン　―　お金の起源を持つ国々

― お金とは何か② お金とは、物々交換における「媒介物」だった ―

《エジプト》お金の誕生

エジプト。砂漠と搾りたてのオレンジジュースの国。西はリビア、南にスーダン、北東にイスラエルと接し、北には地中海、東は紅海に面しています。国土の南北をナイル川が貫いていますが、その大部分が言わずと知れた砂漠。

人口は8600万人、一人当たりのGDPは3242ドル。BRICSに続く、経済発展が期待されるNEXT11の一国として数えられています。通貨はエジプト・ポンド（EGP）で、1EGPが16・8円。首都カイロの町中にあるジューススタンドで売っているオレンジの生搾りジュースが1杯1EGP程度。町中の食堂では、安いものであれば一食3EGPから済ませることができます。

この国へはケニアから空路で到着。空港からカイロ市内へ向かうタクシーの運転手が「高速代も払え」と、乗る前に何度も確認した値段よりも高い金額を要求してきて、入国早々、辟易しました。この国、基本的には人もよいのですが、こと観光産業に関わる人々はお金に対してとてもシビアで、しつこい。バックパッカーには知られた話ですが、カイロにある観光名所ピラミッドの周りは、悪質な客引きが多いことでも有名です。

そんな、お金にシビアなエジプトですが、紀元前4000年頃には、世界の金（鉱物としての金）の9割を産出していた、とても豊かな国だったといわれています。そして、この金という鉱物の存在が、現在に至る世界のお金の歴史を形づくったのです。

物々交換から、「金」の交換へ

前提として、お金とは、もともと自然界にあったものとは異なり、人間が自分たちの都合に合わせてつくった「道具」でしかありません。ですので、それに用いられるお金の素材や使われ方は、時代に沿って刻々と変化してきました。

そもそも、お金が誕生する以前は、人間は物々交換を行っていました。羊と果物なんていうように、互いが持っているものを持ち寄っては交換していたのです。ただ、それだけだと交換には不便でした。

たとえば、Aさんが1頭の羊、Bさんが100個のリンゴを持っていたとします。最初は互いに満足してそれらを交換していましたが、そこにCさんが現れました。Cさんは小麦を100kg持っています。それを見たAさんは小麦が欲しいと提案しますが、Cさんは羊を必要としておらず、むしろBさんが持っているリンゴが欲しい、となりました。しかしBさんは小麦はいらないし、いま羊も必要としていません。そんな時、AさんとCさんの間でどうにか交換を行うために、媒介物として生まれたのが「お金」という概念でした。

Aさんたちは、当時貴重な鉱物だった金を「交換の媒介物」として使うことにしました。まず、Aさんは小麦を買うために100gの金をCさんに渡しました。Cさんはそれを受け取って、Aさんに小麦100kgを渡しました。そしてCさんは手元にある100gの金をBさんに渡して、リンゴを手に入れたのです。そしてBさんはその金を必要な時に羊や小麦に限らず、別のモノに交換できる、ということになりました。

モノとモノの交換の媒介物として、お金は生まれた

　ではなぜ、金は交換の媒介物となりえたのでしょうか？　金は、いまと変わらず、大変貴重なものとして崇められていたからです。特に古代エジプトではファラオ（王）の永遠の生命と不滅性を示す金属として尊ばれていたといいます。あの重厚感と、魅惑的な輝きが有無をいわせない価値を人々に感じさせたのでしょう。

　このだれもが価値を認める金は、やがてエジプトが、メソポタミアなど遠く文化の異なる地域との交易を盛んにするにつれて、メソポタミア側で豊富にとれていた銀とともに、これらの金属が当時の世界共通のお金、つまり、交換の媒介物としての確固たる地位を担うようになっていったのです。

「お金」が発明されて初めて人々は好きなことを仕事にする自由を手にした

お金という道具が生まれたことにより、人々は富を蓄積し、より広範囲で、長い時間をかけて交換を行うことができるようになりました。それまでにはつくることのできなかった巨大な建造物や製品の研究開発を手がけ、その結果、人々の暮らしは飛躍的に豊かになっていきました。

これは、文明や経済の発展の歴史が、お金という概念の発展の歴史そのものでもあることを意味します。その理由は、お金の発明により、モノとモノの交換がスムーズになったから、というだけではありません。実は、人間はお金を発明して初めて、好きなことを仕事にする自由を手に入れたのです。

たとえば、本を書くことが好きな人がいるとします。本を書いているだけでは生活に必要な食糧を得られないので、お金という概念がなかった時代は、一日のうちの何割かは、どうしても食糧などの生活に必要なモノをつくる時間にあてなければなりませんでした。あるいは、それができなければ社会の役立たずとなり、生きていくこともままならなかったのです。

しかし、お金という概念が生まれたあとはどうでしょう。その人は、自分が書いた本の質を高め、だれかに認められる価値のあるものにすることができれば、その本を読みたい他のだれかとお金を媒介として交換することができます。そして、それで得たお金を使って、また別のだれかと食糧を交換することが可能になりました。

現代こそ、お金を稼ぐことと好きなことを仕事にすることは、まったく別の話として語られますが、もともとは、お金とは人間の「働く」という行為を多様で豊かにする偉大なる発明だったのです。だからこそ、現代でも私たちの「お金に対する価値観」と「働き方」の間には、密接な関係があるのです。

《トルコ》 貨幣の発明

トルコ。サバサンドと温泉の国。北は黒海、南は地中海に面し、西はブルガリア、ギリシャというヨーロッパ圏、東はグルジア、アルメニア、イラン、南はイラク、シリアとユーラシア圏に接します。東西文化の合流地点。それだけに、この国の色合いは石と林と色とりどりの布が複雑に折り重なり、不思議な雰囲気を醸し出しています。

人口は約7600万人。一人当たりのGDPが1万721ドル。首都イスタンブールは、日本の都市と変わらない発展ぶりです。通貨はトルコリラ（TRY）で、1TRYが52円。日本だと一つ500円ほどで売られているケバブが、4TRY程度で食べられるので、日本に比べると物価は安く感じます。

エジプトのカイロから空路でイスタンブールへ到着。英語が通じにくい国でしたが、どこを訪れてもトルコの人々の温かいもてなしを受けたのが印象的です。

そんなトルコが位置するアナトリア半島は、世界で最初の貨幣（コイン）が生まれた地域です。古代ギリシアの歴史家ヘロドトスが書いた『歴史』という書物に登場する、紀元前7世紀頃から栄えたリディアという国で、世界最初の貨幣「エレクトラム鋳貨」が発明されたといわれています。

羊や豚が「お金」として扱われたこともあった

交換の媒介物として、何かがお金として扱われるために必要な機能は大きく三つです。一つ目が価値の交換と支払いの手段になること。二つ目が価値の尺度たりえること。そして三つ目が価値の蓄積保存ができることです。

先述したように、当時貴重な鉱物であった金は、交換と支払いの手段になり、一つ目の機能を果たしました。そして、金は100g＝羊1頭、リンゴ100個、小麦100kgというように価値の尺度にもなり、二つ目の機能たりえます。さらに、金は腐らないので、次に交換が必要な時までためておくことができ、価値の蓄積保存という三つ目の機能も備えていました。

実際には、これらの機能を担うことができれば何でもお金になります。世界には、羊や豚、羽やたばこ、貝殻や布、ラム酒に奴隷、麦や米などが交換の媒介物となった例もあるようです。しかし、三つの機能をより確実にするためには、だれもが価値を認めていて、軽くて丈夫で、分けやすく、腐りにくいもので、交換が活発になる度に増やせるものであった方が都合がいい。そこで、鉱物を使用したお金、すなわち「貨幣」が生まれます。金貨や銀貨、銅貨がそれにあたります。

貨幣ができる前は、不揃いな金を交換に用いていたので、その度にはかりで重さを調べる必要があり、とても面倒でした。しかし、貨幣であれば、1枚に使われる金の量が同じであるため、いちいち重さを量る必要がなく、とても便利になります。

それにくわえて、エレクトラム鋳貨には「たしかに金でできていて、どれも同じ重さだよ」と、リディアの王様が品質を保証する証しとして、王の紋章であるライオンの印が刻まれていました。これにより、いっそう利便性と信頼が高まった結果、ギリシャやローマへと広まり、「金貨」「銀貨」として流通する歴史がつくられていきます。

《イラン》 小切手の誕生

イラン。ヒッチハイクと美しいコバルトブルーの国。北にアゼルバイジャン、アルメニア、トルクメニスタン、東にパキスタン、アフガニスタン、西にトルコ、イラク。ペルシャ湾を挟みクウェート、サウジアラビア、バーレーン、カタール、UAEがあり、世界有数の石油の産地でもあります。

人口はおよそ7600万人。一人当たりのGDPは4768ドル。これは、日本の1970年代前半、第四次中東戦争によりオイルショックを経験する頃にあたります。通貨はイラン・リヤル（IRR）、1000IRRが4・4円。日本と質の変わらないソフトクリームが5000IRR（22円）くらいで食べられたりと、物価はかなり安く、特に長距離バスの値段は、驚くほどの安さでした。というのも、イランのガソリン価格は1ℓあたり日本で150円くらいの時に、およそ50円という安さ。さすがに産油国は違います。
この国はかなりの親日国で、特に日本のアニメ「一休さん」は圧倒的な人気を誇っていました。実際、私はイランを訪れる際にその噂を知り、オリジナルの一休さんTシャツをつくって持ち込み、テヘランでお世話になったホストにそのTシャツをプレゼントしたら大喜びされました。

さて、このイランも含めて、かつてこの土地に広大な領域にわたって繁栄したのがイスラム帝国です。この国は商業帝国という側面を持ち、それゆえに交換の媒介物であるお金も進化していきました。

金と銀の不足により始まった「改鋳」

世界中で交換の媒介物として便利な金貨や銀貨が用いられるようになり、しばらくはそれでこと足りていましたが、経済が発展し、交易の量と範囲が大きくなるにつれて、貨幣をつくるために必要な金と銀そのものが不足しはじめました。そこで行われたのが「改鋳」です。金や銀に、銅などの価値の低い鉱物を混ぜて、薄めて、その数を増やすという方法が用いられだしたのです。ここで、少しだけ貨幣そのものが持つモノとしての価値が下がりました。お金として重要な価値尺度としての信頼に少し揺らぎが生じたのです。

すると、改鋳された貨幣の重さは正しいのか？　混合物の量は一定なのか？　と信憑性が薄くなっていきます。このような背景から、貨幣の発行権は、その信憑性を補うに足りる武力と富を持っていた王侯貴族、時の権力者に集中していきました。こういった経緯とともに、お金は単なる交換の媒介物から、現実のパワーとも結びついた「他者を支配する道具」という役割も帯びはじめました。この頃から、現在にも通じる、お金と権力の密接な関係も生まれたのです。

しかし、なお経済が成長すると、改鋳を繰り返しても貨幣は足りなくなっていきます。くわえて、重たい金や銀をいちいち遠くへ持ち運ぶのも面倒。そこでイスラム帝国で発明されたのが「小切手」。そう、紙幣の原型の誕生です。たとえば、Aという商人が両替商に１００枚の金貨を預けたとします。商人Aは、その預り証である小切手をもらいます。次に、商人Aが商人Bと金貨１００枚分の商品の交換を行う時、AはBに金貨を渡すのではなく、「金貨１００枚分の引換券」として小切手を渡す。Bはこれを両替商に持っていけば、金貨１００枚を受け取ることができるという仕組みです。

紙切れが「お金」として機能しはじめた瞬間

この仕組みが安定すると、小切手自体が金貨１００枚分の価値あるものとして交換の媒介物の役目を果たすようになります。このような歴史を経て、ただの紙切れがお金としての機能を果たしはじめたのです。

そして、この紙でできた道具の利便性を知った権力者が、この手形の発行権を独占して発行するようになりました。こうして、「公的権力（主に国家）により通貨として強制通用することが認められている紙片」としての、現在、世界中で使用されている紙幣の原型が誕生しました。

すでに完成されたお金と、その仕組みを使って現代を生きる私たちにとっては、お金に歴史があり、時代に合わせて進化をしてきたという事実は、あまり実感の湧かないことかもしれません。しかし、人間が生み出したお金と、その仕組みは、この後も、そして現在も変わり続けているのです。

さて、ここまで来て、ようやく私たちが現在使っている貨幣と紙幣の原型が歴史の中に登場しました。ではその後、人間が生み出した便利な道具であるお金はどのように進化していったのでしょうか？

お金と、その仕組みは、時代に合わせて進化し続けている

Money and its functions keep developing to the changes of the times.

Sveriges Riksbank

Federal Reserve Banks

スウェーデン・アメリカ　—　近代のお金が進化した国々

―　お金とは何か③　お金は、人と人との間に存在する信頼の媒介物である　―

《スウェーデン》世界最古の中央銀行の設立

スウェーデン。世界一美しい都市のある国。西にはノルウェー、北東にフィンランド、南西にカテガット海峡を挟んでデンマーク、東から南はバルト海に面しています。

人口はおよそ970万人。一人当たりのGDPは5万8014ドル。日本が3万8467ドルなので、経済的な意味において、生活水準はかなり豊かだといえます。通貨はスウェーデン・クローナ（SEK）で、1SEKが15円程度。町中のカフェで飲むコーヒーが一杯25SEKなので、日本と同等かそれ以上。実際、バックパッカーとして節約の旅をしていた私は、スウェーデンではあまり外食をしませんでした。

イランからトルコ、ギリシャを経て、その後陸路でヨーロッパを縦断。デンマークのコペンハーゲンからバスで首都ストックホルムに到着しました。荷物をロッカーに預け、レンタサイクルを利用して町中を走ってみると、街の面積の3割を運河が占めるこの街は、空気が爽やかで、もはや悔しくなるほど、どこをとっても美しい。サイクルロードをどこまで走っても、建築物や港や森の風景に飽きることがありません。

国家がお金を管理する仕組みの誕生

そんな豊かなスウェーデンで、国家ではなく、銀行が発券した初めての紙幣が発行されました。世界最古の中央銀行、スウェーデン国立銀行が生まれたのがこの国なのです。1656年にできたストックホルム銀行という民間の銀行は、当時、通貨原料となる銀などが不足していたため、ヨーロッパで初の紙幣を発行しました。しかし、この銀行は十分な担保（資金）を確保していなかったため、すぐに潰れてしまいました。

そして、その失敗や教訓を活かして、議会の監督下に経営権をおく形で1668年に設立されたのが、現在のスウェーデン国立銀行です。これ以後、政府と密接に連携した中央銀行がお金を発行し管理するという、現在のお金の世界に通ずる仕組みが世界各地に広がっていきました。そして、1688年、のちの金融大国イギリスにイングランド銀行が設立されたのです。

イングランド銀行はもともと民間銀行として設立されましたが、1708年に銀行券の独占的な発行権が政府から与えられたことで、大きな力を持つようになりました。さらに、これ以降、1800年代初頭にかけて、世界経済の規模はますます拡大していきました。国際的な交易が盛んになる中で、だれもが信頼できる価値を持つ、安定した通貨が求められたのです。

兌《だ》換紙幣と金本位制の成立

そこで、1816年、産業革命を経て世界の覇権国家となっていたイギリスが世界で初めて「金本位制」を採用することになります。これは、鉱物としての「金」を本位通貨（基準）として、自国のお金の価値を保証する仕組みです。簡単にいえば、「ポンド紙幣を持ってきたら、いつでも金と交換するよ！」とイギリスが保証しているということです。このように、金などの価値ある実物との交換を約束されたお金のことを「兌換紙幣」と呼びます。

もちろん、この仕組みはイギリスが金を持っていなければ成立しません。でなければ、兌換紙幣が信頼されないからです。しかし、幸運なことにカリフォルニアやオーストラリアなど世界中で起こったゴールドラッシュにより金が産出され、それを支配することで、イギリスは金本位制を維持し、その力をますます伸ばしていきました。これ以降、世界で一番、金を保有している国が、最も信頼されるお金の発行権を握ることとなります。

そして、第一次世界大戦までは「ポンド」が基軸通貨として流通し、その地位を保っていたのですが、戦いに明け暮れていたヨーロッパ諸国に対し、軍事費を貸し付け続けていた新興国家アメリカが、その借金のカタとして、次第に世界中の金を集めるようになります。こうしてアメリカが世界最大の金の保有国となり、同時にアメリカが発行するＵＳドルが、世界で最も信頼のできる兌換紙幣として流通することになったのです。

《アメリカ》不換紙幣（信用紙幣）の誕生

アメリカ。多様で自由な国。本土は、北はカナダ、南はメキシコと国境を接していて、アラスカはベーリング海峡の西にロシアと面し、本国の他に、プエルトリコやグアム島などの海外領土を持ちます。

人口はおよそ3億900万人で、1人あたりのGDPは5万3000ドルと世界一ですが、あくまでも平均の数字。マンハッタン島を夜中に歩いたり、深夜バスのグレイハウンド・ターミナルを訪れたりすると、ホームレスのおじさんやアルコール依存症の退役軍人などがフラフラしているのが目につきます。しかし、この国には如実に貧富の差がありますが、それを気に留める節がありません。物乞いをしている人も堂々としています。

通貨はUSドル。物価は生活水準に合わせて幅広い様相を見せています。西海岸のパロアルト地区ではブランチが安くても10ドルからでしたが、ブロードウェイ近くには、1ドルピザの店やボリュームたっぷりのチャーハンと肉、野菜のランチボックスが3ドルちょっとで売られていたりします。

滞在中、どうしても訪れたかった場所があります。普通ならエンパイアステートビルや自由の女神なのでしょうが、私のそれはニューヨーク証券取引所でした。ここは世界最大の証券取引所で、上場企業数は約2400社。そのうち外国企業は460社ほどです。

世界一上場するのが難しいとされるこの市場には、日本企業では1970年に上場したソニーをはじめ、ホンダや、京セラ、三菱UFJフィナンシャルグループなど17社が名を連ねています。この証券取引所に上場している企業の時価総額の合計は、日本円に換算して2000兆円に及びます。東京証券取引所は461兆円なので、4倍以上の規模です（2014年8月末）。

アメリカが世界の覇権を握るようになった、本当の理由

さて、そんなアメリカが世界の覇権を握るようになったのは、世界最大の金保有国になったことに起因します。先述したとおり、この国は第一次世界大戦でヨーロッパの国々が戦争をする中、彼らに軍事費を貸して、そのお金で武器を売って、大儲けをしたのでした。

1914年末に15億ドルだったアメリカの金保有高は、第一次世界大戦終盤の1917年末には29億ドルとおよそ2倍に増加。そして、本土が無傷だったこともあり、戦後も鉄道開発や製鉄業など高い工業生産力を維持。さらに、第二次世界大戦を経てもなお、各国へ農産物や武器、弾薬を輸出し、世界中の金がアメリカに流入し続けました。結果、一時には、世界の金の75%を独占する世界最大の金保有国となり、その金塊に価値を裏付けされたUS

ドルは、国際基軸通貨として世界中に流通するようになりました。

一方、戦争で疲弊し、金の保有量が減った世界の国々は、次第に金本位制をやめることになります。こうして、第二次世界大戦が終わった時には、金と交換を約束されたお金はUSドル以外に世界には存在しないという状況になりました。この時点で、「USドルのみが金と交換可能で、それ以外の国のお金はUSドルと交換することで価値を持つもの」という共通認識が世界に生まれます。アメリカが世界一といわれる所以は、こういったところにもあるのです。しかし、この体制も長くは続きませんでした。

戦後、日本やヨーロッパ各国が経済力を回復させると、アメリカが他国にお金を支払う量が増え、徐々にUSドルが海外へ流出するようになりました。さらに、1965年のベトナム戦争に介入したことで、財政赤字とインフレにより、国際収支の赤字が拡大。1966年にはついに外国が持つドル紙幣の合計が、アメリカが保有する金の保有額を上回ってしまいました。もし仮に、世界中の国が「ドル紙幣を金と換えてください な」と言ってきても、アメリカにはすべての要求に応えるだけの金がなくなったのです。

本当に「紙切れ」になったお金

そして、その状況に耐え切れなくなった当時のアメリカの首長、ニクソン大統領が「もうわが国はUSドルと金の交換はやめます！」と宣言したのが、1971年の「ニクソン・ショック」です。

実質的に、この時から世界中のお金は、まさにただの「紙切れ」となりました。この紙切れになったお金を「不換紙幣」と呼びます。現代の私たちの財布に入っているお金（紙幣）は、実物としての価値を持っている金や銀との交換を約束されていません。これは、言い換えれば、お金が物質的な制約から解き放たれたということでもあります。

以後、何との交換も約束されず、ただ信用だけで価値が成立する紙切れがお金として世界に流通し、地球規模の巨大な金融システムをつくることになります。同時に、この時から、お金はこれまでの単なる「交換の媒介物」という存在から、人と人との間にある「信頼の媒介物」としての特性を強めていきました。

お金（紙幣）そのものには、何も価値がない

Money itself means nothing to us.

People's Bank of China

中国　一　ちぎれたお札、落書きだらけのお札

一　結論　信頼がなければ、人はお金を使えない　一

経済規模で、日本を超えた国

「なぜ、紙切れがお金になるのか?」。その答えは、中国の小さな食堂のおばさんが与えてくれました。

中国。この国はとにかく巨大です。国土面積も、世界で三番目に大きい(アメリカとほぼ同じ大きさ)この国は、北からぐるっと、北朝鮮、モンゴル、ロシア、西にはカザフスタン、キルギス、タジキスタン、アフガニスタン、パキスタン、インド、ネパール、ブータン、ミャンマー、ラオス、ベトナムと接し、さらに海を挟んで韓国、日本、フィリピン、ブルネイ、マレーシア、インドネシアとも面しています。

不確かながら、少なくとも13億人という世界最大の人口。これは世界人口のおよそ19%を占めます。地球上の5人に1人が中国籍ということです。そんな中国は経済面でも巨大です。IMFによれば、2013年の名目GDPで9兆4690億ドルとアメリカの16兆7680億ドルに次ぎ、日本を抜いて世界第2位の経済規模を誇ります。

とはいえ、人口が日本の約10倍なので、国民一人あたりのGDPは6958ドルとなり、これは日本の1970年代後半にあたります。通貨は中国人民元で、1元=19円。上海の下町で見られる露店のホクホクの肉まんが1個1元から。都市にもよりますが、安いところではバックパッカー向けのドミトリーが1泊28元程度から見つかります。世界第2位の経済大国というデータとは裏腹に、バックパッカーには優しい物価の安さです。

ちぎれたお札、落書きだらけのお札

北京では町中に張り巡らされた公共バス網の便利さと、ラム肉の串焼きの美味しさに感動。上海では、東京も顔負けの高級ブランドが立ち並ぶショッピング街や天高く立ったオフィスビル群、そして想像以上に斬新でワクワクさせられるアートプレイスを訪れながら、いたるところで小籠包三昧。都市間の移動で利用した新幹線そっくりな中国高速鉄道「和諧号」の乗り心地のよさも意外なものでした。しかし、いくつか戸惑わずにはいられないこともあり、その最たるものが「お札の汚さ」だったのです。

町中でやりとりされるお札が汚い国はいくつかありましたが、中国人民元のボロさには、正直かなり驚かされました。ちぎれたお札をセロハンテープで留めているものから、何やら計算をしたらしいメモ書きが残っているお札までありますす。思えば、これはなかなかに皮肉なこと。なぜなら、実は中国は歴史上初めて紙幣を生み出した国とされているからです。

およそ1000年前。宋の時代に「交子」という紙幣が中国の四川省付近で誕生したといわれています。その世界初の紙幣を生み出した国で、紙幣がここまで粗雑に扱われているとは…。しかし、この汚れたお札が、私に「お金とは何か?」という答えのヒントをくれたのです。

紙がお金になるために必要な「三つの信頼」

成都の小さな食堂で食事をした後のことです。食事を済ませてお代を支払うと、返ってきたお札がもう原形を留めないほどにボロボロでした。いったい、どうしたらここまでボロボロになるのか。そこで私は、「おばさん、これはダメだ。他のお札に替えてよ」と交換してもらうことにしました。しかし、おばさん曰く、「大丈夫よ。心配しなくてもちゃんと使えるから」とのこと。「ほんとうかい！　じゃあ使えなかったら、ちゃんと交換してもらうよ」と言って、その場は受け取ることにしました。

その後、その街を離れて、違う街の売店でそのお札を使おうとした時、案の定おじさんから「これは受け取れないよ」と言われてしまいました。幸い次に訪れた売店では無事に使うことができました。この体験から、私は重要なことに気がつきました。それは、紙切れがお金になるためには、「三つの信頼」が必要だということです。

実体験を元に考えていきましょう。私たちが1万円を使い、取引が成立する時、前提として、その紙切れそのものに1万円札としての価値があると信頼していなければなりません。それは、発行体である日本銀行や背後にある日本の政府自体への信頼であり、このお札をつくった人への信頼です。これが「第一の信頼」。次に、私たち自身がこの1万円札が「1万円分の何か」と交換する価値があることを信頼していなければなりません。自分がだれかから受け取るお金に寄せる信頼が「第二の信頼」です。私が食堂のおばさんにもらったボロボロのお札を突き返そうとしたのは、この「第二の信頼」が成り立たなかったからです。

そして最後に、1万円札を受け取る相手が、あなたが差し出した紙切れを「1万円分の価値がある」と信じなければなりません。それがないと、私が違う街で出会った売店のおじさんのように、お金を受け取ってくれません。他者がお金に対して寄せる、これが「第三の信頼」。これら三つの信頼があることで初めて、紙切れはお金としての役割を果たすことができるのです。

「信頼の媒介物」としてのお金の誕生

だれかが「これは1万円の価値がある紙です」と言っても、それを信じるのはあなた次第。反対に「これは1万円の価値がある紙です」とあなたが言っても、だれにも信じてもらえなければ、何とも交換することはできない。つまり、互いが信頼し合うことで初めて価値が成立する。これが、現代のお金の本質です。旅の中で、私は数時間前まで使えたインドのルピーがエチオピアではまったく使えなかったり、アルゼンチンのペソが国境を出た瞬間、価値が下がるといったことを何度も経験し、この本質を実感させられました。

確かなモノに裏付けされず、人と人との間にある信頼によってしか、価値を認めることができなくなったお金。このようにお金が、価値ある実物との交換を約束されない不換紙幣となった現代においては、お金を稼ぐことも、お金を使うことも、本質的には「信頼の取引」となったのです。

この意味を理解している人としていない人とでは、結果として手にするお金の量も、過ごせる幸せな時間の長さも大きく変わってくる。現在のお金の世界は、そのような仕組みとなっています。

クレジットカードは自分への信頼そのもの

その仕組みが特に現れているのが、クレジットカードです。現在も、アメリカはクレジットカード社会と呼ばれています。私自身、アメリカでお世話になったとある現地の学生が、ちょっとしたレストランでの支払いでさえカードを使っている場面に出くわし少し驚きました。しかも、その支払いにはチップも含めた金額が決済されるというのです。

現代に通じるクレジットカードは、1950年代のアメリカで生まれたといわれます。その草分けがダイナースクラブで、創業者のマクナマラがお金持ちであるにもかかわらず、財布を忘れてレストランに行き、そこで支払いができなかったことからこの仕組みをつくりあげたのです。

ここで注目すべきなのは、アメリカでは、クレジットカードを保有することがその所有者の社会的な信用度に直結している、という点です。クレジットカードを持てる＝クレジットカード会社が、その人の職業や収入、住居などの社会的な信用情報を認めている＝社会的に信頼できる、という考えがあります。日本とは違い、多様な価値観を持ち、文化的背景の異なる移民によって構成されているアメリカのような国だからこそ、人々の信頼度を客観的に測る仕組みが不可欠だったのだと考えられます。
そして、ここに「新しいお金の世界」に向かう際の重要なポイントがあります。個人の信用度によって、その人の使えるお金の量が決まり、信用がなければ、お金を使うことすらできない、ということです。

お金が「信頼の媒介物」となった世界で
人々はどのように生きているのか？

以上、かなり駆け足でお金の歴史を紹介してみました。細かなことはともかく、みなさんに覚えていただきたいことは三つだけです。一つは、今の私たちがいるお金の世界も、ほんの40年前に、人間によってつくりだされた仕組みでしかないこと。二つ目は、現代のお金は「不換紙幣」となり、「信頼の媒介物」となっていること。三つ目は、信頼がなければ、お金を使うことすらできない「新しいお金の世界」が到来しはじめているということです。

この三つの点に注意しながら、では実際に、「信頼の媒介物」となった現代のお金を世界の人々がどのように使っているのかを見ていきましょう。

他者から自分への信頼がなければ、人はお金を使えない時代が到来した

The time has come when we can't use money without the trust of others.

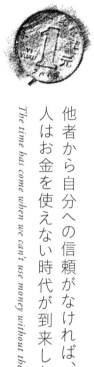

冥金

ベトナムにおいて、神や先祖に届ける目的で燃やされる竹や紙で作られた偽の服や電化製品などの中で、特にお金を指す語。旧暦の毎月1日と15日に燃やす習慣がある他、正月、寒食節、お盆、中秋節、親族の命日、占い、祈祷、葬式などにも使われ、燃やされる。国の経済発展に伴い、冥器にも高級志向が高まっている。

日本銀行券

法令に基づき、独立行政法人国立印刷局が製造し、日本銀行が発行する紙幣。発行が開始されたのは、1885年。現在、一万円券、五千円券、二千円券、千円券の4種類の日本銀行券が日本銀行より発行されている。ちなみに貨幣は、日本銀行ではなく政府が発行している。

NEXT11

BRICS諸国の次に、経済成長が期待される新興国11カ国の総称。インドネシア、韓国、フィリピン、ベトナム、バングラデシュ、エジプト、イラン、メキシコ、ナイジェリア、パキスタン、トルコが含まれる。BRICS同様、アメリカの投資会社、ゴールドマン・サックスが命名した。

相続税

相続、遺贈、死因贈与により財産を取得した相続人などに課される税。日本では、1905年に日露戦争の戦費調達のために導入された。相続人になれる(法定相続人)は配偶者、子、両親、兄弟姉妹などに限られ、その順位も民法で定められている。相続税がない国は、スイス、スウェーデン、中国、インド、オーストラリア、ニュージーランド、カナダなど。

金(きん)

原子番号79の元素で、固体金属。光沢のある見た目と、希少性に加え、加工のしやすさ、さびにくさから、世界各地で貨幣の材料として使用されていた。人工的につくることができない物質といわれているが、どこでどのように生まれたのかは、まだはっきりと証明されていない。

第二次オイルショック

1979年、イラン革命により、イランが石油の生産を中断し、石油の値段が急騰したことで起こった経済的混乱のこと。戦後不況から回復した日本経済は、イランから輸入した石油に依存していたため、大きな打撃を受けた。

銀行

英語の「Bank」の訳語として清で使われていた言葉を明治時代に取り入れ、今日に至る。清が銀本位制をとっていたことに由来する「銀」と、銀行の仲介業、仲買商を意味する「行」を組み合わせて「銀行」という言葉ができたとされる。

担保

債務者が債務不履行になった場合に備えて、債務の保証として義務者から権利者に提供される事物、またその仕組み。物や権利に対する対世的な権利という形をとる「物的担保」と、債務者以外の者に支払いを保証させる「人的担保」がある。

借金のカタ

「カタ」とは「形」のことで、借金をする際に担保・抵当となるものという意味。

上場

取引所において、証券や商品の取引を開始すること。上場するには、業績推移、財務体質、将来見通し、株主構成といった上場基準を満たし、上場審査に合格しなければならない。現在は、株式公開と同義語と解釈される。

国際収支

一国が一定期間（通常は1年間）において外国との経済取引を集計した勘定。大きくは財・サービスの輸出入取引を示す経常収支と、直接投資や証券投資などの資本の取引を示す資本収支とに分かれる。

交子

中国の宋朝が発行した世界最古の紙幣。もともとは四川地方での私的な売買取引に使われていた手形だったが、のちに政府が引き継ぎ、紙幣として発行した。

第三章

お金に振り回される人と、道具として使いこなす人の違いについて

バングラデシュ *Bangladesh*

デンマーク *Denmark*

ウガンダ *Uganda*

ブラジル *Brazil*

二十代の頃より10倍金持ちになったという
六十代の人間を見つけることは簡単だ
だが、そのうちのだれもが
10倍幸せになったとは言わないはずだ

バーナード・ショー
（劇作家／1950）

不確かな「お金」と「幸せ」の関係に答えを出す旅

ここまで、「お金とは何か?」という、お金そのものについての私たちの疑問に触れてきました。その答えとして、現在のお金は、それ自体に価値のあるものではなく、三つの信頼によって初めて成立する、人と人との信頼の媒介物であるという結論をお話しさせてもらいました。

そして、ここからは、その「信頼の媒介物」としてのお金を扱う「人間」に着目していきたいと思います。

世界一周の旅に出る前、どれだけのお金持ちでも、幸せな人とそうでない人がいることは、証券マン時代に気づいていました。生きていくには十分すぎるほどのお金を持っているお客様の多くが、幸せそうには見えない。とても、ああなりたいとは思えない。ただ単にお金を稼いで、投資をして、預金残高の数字が増えて、そのお金で好きなものを買ったり、遊ぶことができるとしても、決定的な何かが足りていないように感じました。

「人」と「お金」の関係には、四種類ある

このモヤモヤの原因を知るために、世界中で様々な暮らしをする人々と出会い、彼らの生き方から、幸せなお金持ちになるためのヒントを学びたい。そう思って旅に出た先々で、私は、「人」と「お金」の関係には、四種類あるこ

とに気がつきました。

幸せなお金持ち。お金を持っているのに不幸な人。お金がないのに幸せな人。お金がなくて不幸な人。この四つです。人々をこの四種類に分ける要因とは何なのか？　私たちは、お金に支配されたこの世界で、どうすれば幸せになれるのか？

私は、「お金とは信頼の媒介物」であるという答えを手にしたことで、そんな不確かな「お金」と「幸せ」の関係に答えを見出すことができました。

それらについて、世界最貧国の一つといわれるバングラデシュ、世界でも有数の労働時間が短い国デンマークをはじめ、アフリカのウガンダ、南米のブラジルに生きる人々との出会いから、お伝えしようと思います。

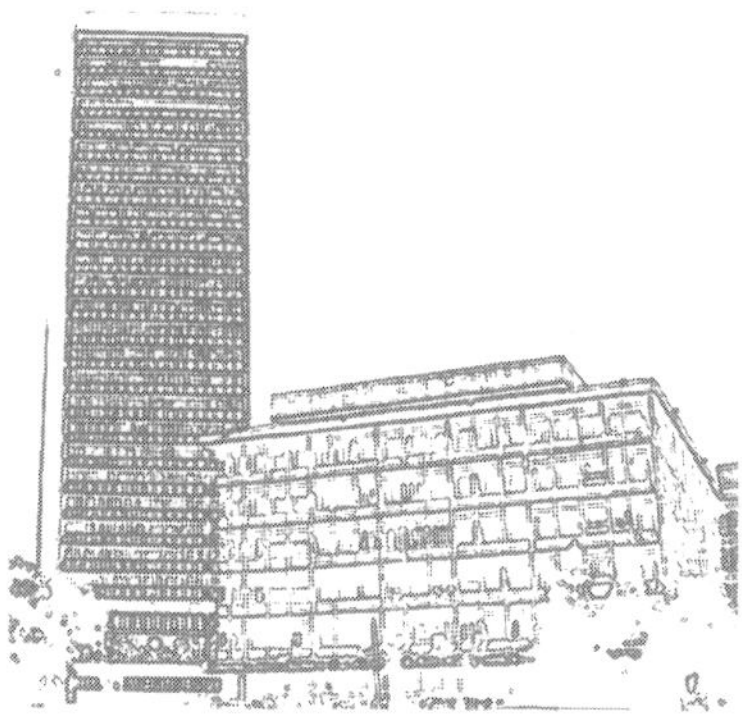

Bangladesh Bank

バングラデシュ　ー　世界最貧国に生きる幸福な人々

—お金がなくても、幸せな人々—

グラミン銀行が生まれた国

バングラデシュ。リキシャとビリヤニとアートの国。南東部のごく一部をミャンマーと接するほかはインドに接しており、南はインド洋に面しています。イスラム教徒が大半を占め、町中の食堂だろうが、結婚式だろうが、食事は右手でじかにいただくという習慣です。

人口はおよそ1億5000万人で、世界で最も人口密度が高い国。一人あたりのGDPは1033ドル。国連の基準に基づき、後発開発途上国、いわゆる世界最貧国の一つともいわれています。通貨はタカ（BDT）、1BDTが1.5円。街中のいたるところで、人々が飲んでいるチャイと呼ばれる紅茶が、1杯3〜5BDTです。

「マイクロファイナンス」という仕組みをつくってノーベル平和賞を受賞した、グラミン銀行のムハマド・ユヌスが生まれたのもこの国です。世界最大のNGO組織BRACが生まれたのもこの国。

ミャンマーから陸路で国境を越えることができないため、タイのバンコクを経由して、空路でダッカへ。深夜の到着だったため、空港内のロビーで夜を過ごし、朝になってから市街地へと向かいました。

まず驚いたのは、この国の空気の悪さです。首都ダッカですら道路のあちこちがめくれ上がり、砂ぼこりが舞っているし、オート三輪と古い自動車の排気ガスの臭いが、道路を埋め尽くすリキシャの間を充満して漂っています。到着してしばらくは、この国で過ごすのはかなりキツそうだな、と少し戸惑いました。

崩れかけたビルの中に存在した、豊かさ

しかし、意外なことに、触れれば触れるほどに、私はこの国の豊かさに魅了されていったのです。たとえば、農村部を訪れると、その水と緑の豊富さに驚くことになります。米や紅茶も豊富に穫れるこの地域は、本来「黄金のベンガル」と呼ばれるほど、とても豊かな土壌なのです。

ボロボロになった道路、崩れかけたビル。ぱっと見ると「汚い」と感じるこの国。しかし、よくよく観察すると、道路にゴミがあふれているわけではありません。イスラム教徒がほとんどを占めるこの国では、人々の生活スタイルも清潔感にあふれていました。トイレを使ってみると、お隣の国インドとの違いがよくわかります。

正直、バングラデシュに入る前は、それなりに緊張していました。「世界最貧国」という言葉は、私に過酷な旅を予感させたのです。しかし、実際にこの国で過ごした3週間は「快適で」「豊かな」ものでした。

バングラデシュで見た、日本の原風景

バングラデシュ滞在中の3週間、私は、首都ダッカ在住のシプーさんという画家のお宅にお世話になっていました。ダッカ大学のアートスクール出身のシプーさんは、毎晩食事を済ませると、奥さんと一緒に大学そばの公園にリキシャで向かいます。私も到着早々にご一緒させてもらいました。

この公園には夜な夜なアートスクールの学生や卒業生が集まって、絵画な

ど自身の作品を並べたり、音楽を奏でたり、屋台のチャイを飲み交わしながら親睦を深めています。その場に集まっているシプーさんの友人たちに紹介され、挨拶をすると、だれもが流暢な英語で、明るく出迎えてくれました。
それが、バングラデシュ1日目の夜。予想していた過酷な旅とのギャップに、私には「この国は豊かなんじゃないか？」という仮説が生まれました。その後、3週間という時間を過ごしましたが、この国は確かに豊かでした。正確に表現すれば、「心豊か」な国だったのです。

中でも印象に残っているのは、ダッカ北部の小さな村の結婚式に参加した時のことです。縁あって、私は結婚式の前日に新郎の実家に宿泊をさせていただくことになりました。お昼すぎに到着すると、新郎の兄弟や家族はもちろん、その子どもたちが集まっていて、踊りあり、歌ありの大変賑やかな空間でした。一方その間、新郎のお母さんを中心に女性たちはせっせと鶏をさばいたり、野菜を切ったりしていました。

夜になると、両手を広げても抱えきれないくらい大きな丸い銀皿に、お米と鶏肉が煮込まれた大量のビリヤニが盛られて出てきました。丸皿を家族で囲むと、皆、次から次に右手を使って直接自分の口に運んでいきます。一瞬ひるみましたが、私も郷に入りてはなんとやらで、お米を掴んで口の中へ。これが、美味しい。日本で家族と鍋をつつく感覚に近いのですが、今日初めて会ったご家族とも昔から家族だったような、そんな一体感が湧いてきました。

食事のあとには、新郎の兄や姪っ子たちとスゴロクのようなもので遊びます。それは、まるで祖父母が元気だった頃に田舎で過ごしたお正月のような感覚でした。本当に不思議なのですが、言葉はほとんど通じていないはずなのに、とても温かい気持ちになったことを思い出します。

結婚式当日も、私の役割は、とにかく出される料理を食べることと新郎新婦と写真を撮ることでした。そのあと、新婦の実家の周りの田んぼで子どもたちと遊んでいる時、広大な田園風景と豊かな緑に、私は日本の田舎の風景を見ました。お金があるわけではないけれど、水はきれいで、豊かな自然に囲まれ、自分たちが食べるものは自ら育て、何より家族や周囲の人々と強い絆で結ばれている。信頼関係に満ちあふれた、幸せな時間でした。

仮説：お金があることは「幸せ」の絶対条件ではない

もちろん、首都ダッカにはスラムと呼ばれる場所があり、私たちからすれば住むことは容易でない環境で人々が生活をしています。食べ物を持って道を歩いていると、子どもが寄ってきて「中身を分けて」と言ってくることもあります。痩せさらばえたおじいちゃんが筋張った足をつっぱらせながら、3人家族を乗せ、リキシャを懸命にこいでいる姿も見られます。

当然、多くの人々にとってテレビや冷蔵庫、洗濯機などは贅沢品であろうし、彼らはそれを手に入れるために必要なだけのお金を持っていません。しかし、それでもこの国の人々は心豊かだと私は感じたのです。

印象的なのは、何より友人や家族と過ごす時間を大切にしていることだと思います。経済的には圧倒的に貧しい、この国の人々の笑顔は、東京の満員電車に乗っている私たちのあの苦渋な表情からは、どう考えても程遠いのです。このような経験を通じ、私の中に、また一つの仮説が生まれました。それは「お金がないことと、心が貧しいことは別だ」ということ。そして、現在のお金の世界に生きる私たちは、お金があることを幸せになるための必要条件として、思い込んでいるのではないか？　ということです。

お金を使って、人は他者を動かすパワーを手に入れる

では、その仮説を検証するために、まず、「お金持ち」とはどういう状態なのか、考えていきましょう。現在のお金の世界において、私たちはお金を使って、何ができるのでしょうか？

本質的な答えを述べると、私たちはお金を使って、「他者の時間」を使うことができます。お金持ちはこの「他者を動かすパワー」を大量に持っていて、より多くの「他人の時間」を使うことができます。たとえば、お金持ちならば、「一流デザイナーによる建築物に住む」という理想を実現できます。なぜなら、対価としてお金を支払うことで、デザイナーと、それを建てる大工、そのための木材を用意してくれる業者…、様々な人の時間を使うことができる

からです。このように、「お金持ちになる」ということの本質的な意味は、人間が持つ、平等で絶対の資産である「時間」を自らのものとして使える、ということなのでしょう。

幸せの定義から見た「お金」

次に、私たちが考えなければいけない問いがあります。それは「幸せ」とは何なのか？　という問いについてです。

「幸せ」についてはいろいろな解釈があると思いますが、私自身はあのマハトマ・ガンジーが残した言葉「Happiness is when what you think, what you say, and what you do are in harmony.（幸せとは、あなたが考えることと、あなたが言うことと、あなたがすることとの、調和がとれている状態である）」にもあるように、幸せとは、自らが考える「理想」を実現した状態だと考えています。

もちろん、人によって「こうなりたい！」という理想は異なります。たとえば、住む場所にしても、高層マンションの最上階に住みたいと願う人もいれば、田畑に囲まれた静かな場所に住みたいと願う人もいるでしょう。また、食事についても、一度でいいから5つ星レストランで食事をしたいと願っている人もいれば、毎日家族全員でテーブルを囲みたいと願う人もいるでしょう。そして、それは年を経るごとに変化していくものでもあります。

しかし、どんな人でも、どんな年齢でも、その時々の自分が抱く理想の状態を実現することができれば「幸せ」であり、そこからかけ離れている状態を「不幸」と呼ぶのだと思います。なので、たとえ経済的には貧しい国に生きていても、その人にとっての「理想」が自動車を手に入れることでなく、家族に囲まれている毎日であれば、お金がなくても十分に「幸せ」でいることは可能なのです。

一方で、経済的・物質的に豊かな日本に暮らす私たちは、あらわになった世界の様々なライフスタイルや製品、サービスの情報のおかげで「ほしいモノ」「行きたい場所」「やりたいこと」は増えるばかり。結果、どれだけ経済的に豊かな状態に生まれても、描く理想が高すぎ、それを実現する現実的な力とのギャップが大きくなると、不安や不満を感じてしまうのです。

同じ光景が、世界最貧国にも先進国にも存在した

これだけ聞くと、よくある「貧しさの中にも幸せはある」といった話に聞

こえるかもしれませんが、私が驚いたのは、これと同じ心豊かな光景が世界最貧国のバングラデシュだけでなく、日本よりも豊かで幸せに人々が暮らしているといわれる北欧デンマークでも見られたというところにあります。

保有するお金の量と幸せの大きさは比例しない

An amount of money isn't always proportional to that of happiness.

Danish National Bank

デンマーク　―　夕方5時には皆が仕事を終える国

一　日本人と同じくらい稼いで、世界で最も短い時間しか働かない人々

夕方にはメインストリートの店が閉まる首都

北欧、デンマーク。洗練されたデザインとカールスバーグと音楽の国。北に海を挟んでノルウェーとスウェーデンに向かい、南にはドイツと国境を接しています。あまり知られてはいませんが、独立意識の高いグリーンランドとフェロー諸島も含めて、デンマークは王国という形を成しています。

人口は約560万人と少ないですが、一人当たりのGDPは5万9129ドルとされており、日本やアメリカよりも高く、世界第六位の数字となっています。通貨はデンマーククローネ（DKK）で、1DKKが19・3円。外食をすると、最低30DKKはかかり、マクドナルドでもセットで700円はかかるので、物価は日本と同じか少し高く感じました。

その首都、コペンハーゲン。自転車専用道が街中に整備され、洗練されたデザインにあふれたこの街を訪れたのは、この旅が2回目でした。学生時代に訪れた時にも、街のメインストリートの店が17時には閉まる様子に驚いたことを思い出します。夕方には家に帰り、その後は友人や家族が揃って、ハイネケンを片手に音楽を聴きながら語り合う。そんな様子に強い憧れを感じたのとともに、日本のせわしない日々を思い出して切なくなりました。

働く時間と幸せな時間の長さも比例しない

今回の旅は、Juriさんという法律事務所で働いている方にお世話になりました。4日間ほどお世話になったのですが、毎晩のようにバーや音楽フェスティバルやお祭りに連れ出してもらいました。音楽と料理をこよなく愛する男であるとはいえ、法律事務所と聞けば激務なイメージの仕事を持つ彼が、毎晩のように私を連れて出歩いてくれることをとても不思議に感じたものです。

週末ともなれば、街のいたるところで路上ライブや音楽フェスティバルが行われるこの街。1日目は、住宅街のどまん中にある公園で、どう考えても迷惑な爆音で繰り広げられるエレキミュージックのフェス。2日目は、何やらアーティストが集まっているというビルに面した通りを占拠した路上ライブ。3日目は、観光客にも有名なクリスチャニアという法の外の世界で行われるデンマークを代表するロックバンドのフェス。4日目は、ハイネケンの工場跡地で行われている名店揃いのワンスプーン料理選手権。

なんとも充実した日々を振り返ってみると、あらためて彼が毎朝9時半頃に仕事に出かけて、17時前には帰宅していたことに驚かされます。聞くと「毎日こんなものだし、仕事はしている方だと思うよ」とのこと。仕事から帰ってきたら､家族や友人と料理をつくって、お酒を飲みながらワイワイやる。このような豊かな生活は北欧だからこそできるんだ、と考える人も多いかもしれません。

しかし、私は前述した通り、世界最貧国といわれるバングラデシュでも同じような経験をしていたのです。この旅を通じて感じたのは、経済的な裕福さと、家族や友人を大切にする時間の長さは、別の話だということ。お金がないことと、心が貧しいことは別だということです。

みなさんは「世界最貧国」の定義をご存知でしょうか？　これはお金があるかどうか、つまり経済的に、物質的な豊かさで評価された表現です。しかし、この表現には、その国の人々がいかに心豊かで、信頼関係に恵まれているかについては考慮されていません。

なぜ日本人は「幸せな時間」を増やすことができないのか?

かつての日本と同じように急激な経済発展を遂げている中国でも、どこの公園に行っても昼間には、おじいちゃんとおばあちゃんが孫を連れて公園に集まり、二胡を弾きながら歌ったり踊ったりしていました。

ベトナムでも、ミャンマーでも、ネパールでも、グルジアでも、エチオピアでも、ケニアでも、エクアドルでも、ペルーでも同じです。私が訪れた国、お世話になった家庭では、夜に家族が揃って食事をとること、友人と会うこと、その時間が大切にされていました。たまたま、私が訪れた家庭がどこも裕福な家柄だったのでしょうか。

なぜ日本は、経済的に豊かな国にもかかわらず、家族や友人を大切にする「幸せな時間」を増やすことができていないのでしょうか？

私が世界各国で出会ってきた「幸せな人々」と、証券マン時代に出会ってきた「不幸せな人々」。両者の間で決定的に違うことは、やはり「お金を稼げば、とりあえず幸せになれる」という観念が存在しているか、していないかということなのではないかと思います。

お金への価値観は働く目的と直結している

お金への価値観は働く目的と直結しています。そして日本人はこれまで「エコノミックアニマル」と揶揄されるほど、仕事に身を捧げてきました。なぜ、私たちはこれほどまでに「働くこと（お金を稼ぐこと）」に絶対的な忠誠心を持っているのでしょうか。

複数の要因があり、一つには、仏教的な世界観の影響も大きいとは思いますが、旅を通じて私が実感したのは、日本という特色ある風土だからこそ育まれた、特殊な「個人と社会」の関係でした。

日本は古来、山と森、雨と陽の光などに恵まれ、稲作を中心に生活をしてきました。一方で日本ほど台風や地震、火山噴火など天災の多い土地はありませんでした。生きているうちに何度も天災に見舞われる日本の人々は、自分一人の力で生きていくことが難しかったのです。かといって島国ですから、他の土地に移動することも難しい。そこで、世界の他の文化圏以上に、村単位の地域コミュニティと密接に関わり、協力しあう必要に迫られたのです。

そのような社会では、働くことを通して、自分の地域に貢献することがとても重要になります。隣の家を建てる時、田植えを行う時は村の皆で協力する。逆に、そのような村への貢献を行わない人々に対しては、社会はとても辛辣でした。「村八分」や「姥捨て」といった言葉の裏にはそのような厳しさが潜んでいます。そういった背景が、「働く」という行為を絶対的なものにしました。働く上で、勤勉さ、協調性といった姿勢が歓迎されるのも、そのような感覚が、いまなお日本人の価値観に強く残っているからだと思います。

日本人が勤勉に働き続ける理由

しかし、近代に入り、科学技術が進歩したおかげで、人々は無理に協力しなくても生活ができるようになりました。すると、今度はわずらわしい地域コミュニティから離れることができるようになります。もっと個人として、自由気ままに生きようとする人々が増える。その人たちにとって、自由を手にするために必要なものこそ、お金だったのです。

たとえば、長野などの雪国では、雪かきを町会単位で行っており、住民はそれに強制的に参加しなければなりません。もし、参加をしない場合は「出不足金」と呼ばれるお金を払わなければなりません。

このように、物質的な豊かさはもちろん、自由気ままな生活を手に入れるために、お金はなくてはならないものでした。このような経緯が影響し、現在にまで続く、周囲の顔色を伺って有給休暇も取らないような、「働くこと」へのユニークな忠誠心をもたらすとともに、自由になるためのお金を稼ぐことへの強い欲求をもたらしているのだと思います。

稼ぐお金は同じなのに、働く時間は1・5倍

経済協力開発機構（OECD）が調べた有償労働時間（サービス残業などの無償労働時間をのぞいた労働時間）のデータによると、デンマークの有償労働は一日3・75時間で世界で最も短いようです。有償と無償を合計した一日の平均労働時間でも、ベルギーに次ぎ、世界第2位。一方、日本はというと、有償労働時間は6・3時間と世界最長。一日の平均労働時間でも世界で二番目に長いという結果となっています。もちろん、お金を稼ぐために働くことは決して悪いことではありません。ただ、もったいないのは、「お金があれば幸せになれる」と盲目的に信じて、稼ぐためだけに働き続けることです。

さらに、日本人が、お金に対して盲目的になってしまった原因。それは、

1945年にあるのかもしれません。戦争に負け、すべてを失った日本人は、がむしゃらに働き、劇的な復興を遂げ、経済大国としての地位を確立しました。結果、生活はたしかに豊かになり、その富の蓄積のうえに現代の私たちの暮らしがあります。

しかし、その劇的な復興の代償として、本来は、人々が幸せに生きるための便利な「道具」でしかなかったお金が、人々が働き、生きる「目的」にすり替わってしまった。一生懸命働いて、とにかくお金さえ手にすれば幸せになれると、お金を絶対の存在として盲目に信じるようになってしまったのではないでしょうか。

お金を「目的」にして振り回される人
お金を「道具」として使いこなす人

バングラデシュやデンマークの経験から、私は「幸せなお金持ち」「お金を持っているのに不幸な人」「お金がないのに幸せな人」「お金がなくて不幸な人」、この四種類に人々を分ける要因を見つけることができました。それは、お金を「目的」と捉えるのか「道具」として捉えるのかの違いです。

お金を「目的」として捉える人たちは、次のような考え方を持っています。お金がないと幸せになれない。お金があれば幸せになれる。お金とは、自分の働く時間と交換して得るもの。サービスや製品の対価として支払うお金はなるべく少ない方がいい。しかし、一方で無意識的には、お金を面倒くさいもの、とか、ありすぎると不幸になるものと考えていたりします。
これは、お金自体の価値とパワーを盲目に信じきって、それが「道具」であることを見落としています。なので、それを手に入れることが「幸せ」につながるという考えを持っています。つまり、お金そのものを生きる「目的」とする考えです。なのにどこかでお金自体を汚いモノとして捉えている。そう、私たち日本人にはこのようなネガティブお金観を持つ人が多いのです。

一方、お金を「道具」として捉えている人は、次のような考え方を持っています。お金とは、本質的には無価値だが、人間が発明した偉大なる「信頼の媒介物」である。最も大切なことは、人と人との信頼関係そのものを醸成していくこと。お金とは自らが生み出した付加価値の対価として受け取るもの。お金を支払うということは、その相手に自らの信頼を渡すということ。だから、必ずしも安ければよいというわけではない。

お金を他者との信頼関係を築き、その信頼を交換し合い、自らの理想を実現するためのポジティブな「道具」として捉えています。

そして、お金を「道具」として捉えている人は、保有するお金の量にかかわらず、幸せな人生を送っています。反対に、お金を「目的」として捉える人たちは、人間関係に問題を抱えていたり、どこか心の貧しさを負って生きています。なので、時に他者を傷つけ、奪ってでもお金を手に入れようとしています。私は、その事実を世界各国で目の当たりにしてきました。

ネガティブお金観による負のスパイラル

お金とは、「信頼の媒介物」です。信頼がなければ心豊かな生活は手に入りません。にもかかわらず、お金を手に入れること自体が目的になるネガティブお金観を持ってしまうと、負のスパイラルに陥ってしまいます。必要な信頼関係を築くどころか、信頼そのものを損なってしまう。結果として、お金も手に入らないという悪循環に陥りがちです。

次の国では、実際にお金の負のスパイラルに陥ってしまった人々との出会いをお話しします。

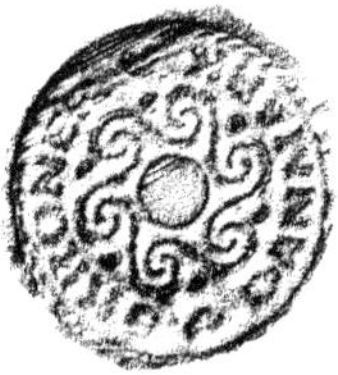

働く目的を変えることが、幸せなお金持ちへの近道になる

Changing the reason why we work leads to being a parson with money and happiness.

Bank of Uganda

ウガンダ　一　ハローのあとに続くのは、マネーという言葉

一　お金を寄付してもらうことが生きる目的になった人々　一

カヌーの上の挨拶

ウガンダ。ビクトリア湖を湛える国。東にケニア、南にタンザニアとルワンダ、西にコンゴ、北に南スーダンと接する内陸国。ただし、ナイル川の源流となるビクトリア湖に接していて、それが気候に大きく影響しており、雨が降るので緑の豊かな国です。

人口は3400万人。一人当たりのGDPは622ドルで、バングラデシュとともに世界最貧国の一つとされています。通貨はウガンダ・シリング（UGX）で、1000UGXは43円程度。町中の食堂でボリュームのある食事を一食5000〜7000UGXでいただくことができます。

世界にはもちろん、ネガティブお金観を持ってしまった人々もいました。その一端を私はウガンダで目の当たりにしました。ウガンダには、ケニアの首都ナイロビから深夜にバスで入国。首都のカンパラを経て、ルワンダ国境付近にあるカバレという小さな町に向かいました。町の近くには、ブユニ湖というとても美しい場所があります。この湖の中には大小いくつかの島があり、その一つがまるまるバックパッカー宿になっているのです。

宿までは近くの岸辺から、カヌーを自分でこいで1時間。何もないその場所は、ただ静かで、自然の風景を堪能できる地上の楽園のような場所でした。この宿で迎えた2日目の朝。カヌーを借りて湖を漂っていると、時折対岸に地元のお母さんたちの姿が見えました。

「こんにちは」。軽く手を振ると、お母さんが「おいでおいで」をしてみせました。カヌーを彼女らのいる岸の側まで寄せて、「こんにちは」とあらためて大きな声で挨拶。するとお母さんたちは、「こんにちは、日本人？」と笑顔で返してくれました。

何の迷いもない「please, money」

「そうです。今は何をしているんですか？」と聞くと、何やら背負っているカゴの中を指して、「これを採っているのよ」のジェスチャーをします。そんな会話を交わし、「では、さようなら」という時に、お母さんたちが思わぬ一言を呟きました。「ねぇ、お金ちょうだい」。「え？　なんで？」。私は混乱しました。「いや、よかったら、お金ちょうだいよ」と手を合わせてこちらを見ています。「いや、お金を渡すわけにはいかないので、ごめんね」と言いつつ、ゆっくりと岸を離れました。

他にも村の小学校の先生だという人が、「見学に来ないか？」と声をかけてくれたので伺ってみると、ひと通り学校内を紹介してくれたあと、「ぜひ寄付を！」と、突然商談が始まったのです。

こんな出来事がウガンダでは何度もありました。世界各地で「マネー」という言葉はかけられますが、ウガンダという国が何より印象深いのは、何の迷いもなく外国人にはダメ元で寄付を求めるという雰囲気が伝わってきたからです。

「お金をくれる人」と
「援助を請う人」という浅はかな関係

もちろん、ウガンダという国はそんな人ばかりというわけではありません。

あくまでも、私が体験したことを元にその一面を書いているにすぎません。しかし、お金を請うという、その行為に何の悪びれもない人と出会う確率は、本当に高いものでした。いったい、何が彼らをそうさせるのでしょうか？

お金が媒介物となっている現代を生きる私たちは、現金がなければ何もモノを買うことができません。そして、ウガンダにはあまり現金を稼ぐ手段がないのはたしかです。しかし、問題はその手段を生み出す工夫が一向になされないことでしょう。実際、2000年代前半まで、ウガンダは国家予算の約半分に相当する額を国際的な援助に依存していました。近年は減少傾向にあるとはいえ、依然として3割弱を援助に依存するという状態。

国際的な援助は、緊急支援としては重要かつ有効だとは思いますが、それが正しく配分されず、長く続いたりすると、徐々に被支援者の依存を生み出します。そうやって、「魚は与えるけれど釣り方は教えない」という援助は、人々の欲望を掻き立てるだけ掻き立てて、お金が切れたら終わるという「柔らかい刃」となってしまうのです。

他者を「お金を奪う対象」として見ていないか？

結果、遠く日本から来た私のような旅人との出会いも、ただの「お金をくれる人」と「援助を請う人」という浅はかな関係になってしまいます。そこに、出会えてよかったという喜びや、信頼関係のある絆は何も生まれません。イコール、お金を増やすことはできない。イコール、幸せは何も生まれないのです。

これほど極端な例ではありませんが、私たちの日常でも同じような人に出会うことはないでしょうか？　商品を売りつけ、自らの営業目標を達成し、お金を稼ぐためだけのセールスマン。お金にガメツい人。そういう人と長くお付き合いをしたり、自分の人生の重要な局面で頼りにしたり、大事な仕事を任せたりすることはないと思います。他者を「お金」を奪う対象、あるいは、稼ぐための対象として見てしまうと、結果として「信頼関係」を損ない、長期的にお金も遠ざけてしまうことになるのです。

信頼を築かずに得たお金は、人を遠ざけていく

The money that you got without building trust will isolate you.

Central Bank of Brazil

ブラジル　一　深夜のバスターミナルのボッタクリ

―自分と他人を不幸にしてまでお金を稼ぐ人々―

中国、インドと並ぶ次代の世界経済を担う国

ブラジル、サンバの国。南米大陸で最大の面積を誇り、ロシアを除くとヨーロッパ全土が入る大きさ。南からぐるっとウルグアイ、アルゼンチン、パラグアイ、ボリビア、ペルー、コロンビア、ベネズエラ、ガイアナ、スリナム、フランス領ギアナと接しています。さらには、大西洋上の島々もブラジル領に属するという、広大な国土と多様な気候や文化的特徴を持つ国。

人口は約1億9840万人で、一人あたりのGDPは1万1172ドル。中国やインドと並んで、世界経済を担う成長著しい国。通貨はブラジル・レアル（BRL）で1BRLが約45円。物価は、私が訪れた南米の国々の中では段違いに高いイメージ。食事には多様な選択肢がありますが、安く済ま

せようとしても、一食400円以上はかかりました。宿泊代については、訪れたのがリオのカーニバルの時期だったので、あまり参考にはなりませんが、バックパッカーとしては長居できる金額ではありませんでした。

深夜のバスターミナルでのボッタクリ

ブラジルのクリチバという街からウルグアイまで移動する時のことです。バスが大幅に遅れ、乗り継ぎに失敗。私はポルト・アレグレという街で新たにバスのチケットを手に入れることにしました。

深夜にバス会社のカウンターを訪れると、ふてくされた感じのおばさんが一人。「ウルグアイ行きのバスに乗りたいんだけど」「それなら102レアルよ」「はい、じゃあ120レアル」「はい、チケット」「あれ、おばちゃんここに98レアルって書いてあるけど？」「そうよ。だから、はい、お釣り2レアルね」。何やら雲行きが怪しくなりました。「いやいや、20レアルも返してよ」「は？　何言ってんの？　私は100レアルしかもらっていないわよ！」「おいおい、何言ってんの？　今あんたが102レアルって言うから、120レアル渡したじゃないか！」「はいはい。じゃあわかりました。これから帳簿と合わせてお釣りの金額を確かめますね」と勝手に、その日の帳簿と自分のカウンターのお釣りの金額を確かめる…フリをしています。

そして、「はい。ほら、この通りしっかり合っているでしょう。だから、あなたの20レアルなんて最初からないのよ。やれやれ」と、なんとも堂に入った演技です。深夜のバスターミナル。前日からの20時間に及ぶ移動の疲れもあり、同行していたカナダ人の女の子は泣き出してしまい、怒鳴っている私は警備員に囲まれ、事態は悪くなるばかり。私は泣く泣く諦めました。

旅においで、ボッタクリや詐欺などお金に関するトラブルは日常茶飯事です。ですので、私はそれ自体に怒っているという話をしたいのではありません。ただ、淡々と流れ作業のようにお金をだまし取ろうとする人々がいるということに、怒りよりも悲しみを感じてしまうのです。

もちろん、私だって逆の立場だったらどうかはわかりません。生活に不満があり、もっとお金を手に入れたいのに、その手段が見つからない。そんな時に目の前に裕福そうな外国人観光客が立っていたら…。私だって同じようにふるまうかもしれません。

しかし、たまたま出会った相手をお金を手に入れるための手段としてしか見られないのは悲しい。「お金＝信頼の媒介物」であることに気づければ、お金を稼ぐためにすべきことが変わるでしょう。それを理解できれば、お金を集めるために、だまし取ったり、ボッタクったりすることがいかに愚かなことがわかるはずです。

お金のあるなしに人生を支配され、売春を促す人々

お金を使う人々の中でも、特に強い影響力を及ぼすのがお金持ちです。そして、お金持ちの中にもネガティブお金観を持つ人とポジティブお金観を持つ人がいます。

ネガティブお金観を持つお金持ちは、根本的にお金の持つパワーそのものにとらわれています。まるで、お金は他者を支配するための「力」であるかのように。お金があれば他者を自由にできるし、逆にお金がなければ他者に自由に使われてしまう。そんな、もはやお金のあるなしに人生を支配された価値観を根底に持っているので、お金集めに必死になるし、そのお金を他者への暴力的な支配の道具として行使します。

その代表例が「少女買春」などの人身売買だと思います。私がカンボジアのプノンペンを訪れた時、あるカフェに、羽振りのよさそうな紳士的なおじさんが二人いました。楽しそうにお茶を飲みながら会話を楽しんでいる二人。しかし、その街に長く滞在している旅の先輩から、「彼らは少女を買いにきている」という話を聞いた時には驚きました。カンボジアで、少女買春撲滅のために活動をしている「かものはしプロジェクト」によると、この国では、いまなお年端もいかない少女たちが、金銭的に貧しい生活環境を背景に性産業の商品として売られているというのです。

このような極端な例だけではありませんが、いずれにせよ、ネガティブお金観を持ったお金持ちは、お金を他者を支配する道具として使うことに疑問を持つ暇すらないのです。そのために彼らは、本来、信頼関係を築き上げて育てていくはずの人間関係を「支配する」もしくは「支配される」というどちらかしかないと考えてしまっています。

世界最高の投資家のお金の使い方

一方で、ポジティブお金観を持ったお金持ちは、お金を自分と他者が幸せになるための道具として使います。それを通じて、だれかを喜ばせ、信頼関係を築くことで、さらにお金が増えていくことを知っているのです。

世界最大の投資会社バークシャー・ハサウェイ社の経営者で「オマハの賢人」と呼ばれる投資家ウォーレン・バフェット氏という人がいます。あのビル・ゲイツ氏に次ぐ世界でも指折りのお金持ちです。

1965年にバフェット氏が、バークシャー・ハサウェイの経営権を握ってから45年間に、ダウ平均株価は上昇率が約1400%だったのに対し、バークシャー・ハサウェイの株価は、なんと約82万%以上に上昇したそうです。

そんな世界最高の投資家であるバフェット氏は、驚くことに、2006年にその資産の85％にあたる374億ドルを寄付することを決めたといわれます。実に4兆円を超える途方もない金額を寄付するというのです。

「余るほどお金があれば寄付して当然」という声もあると思います。しかし、重要なのは、ポジティブお金観を持った幸せなお金持ちは「他者を支配するためにお金を使う」のではなく、「自身と他者を幸せにする何かをつくり出すためにお金を使う」ということなのです。そうすることで、多様で力強い信頼関係を得ることができ、魅力的な仕事や投資機会にも恵まれます。その結果、ますますお金も増えていくという好循環の中で生きているのです。

お金が欲しい人が、まず最初にすべきこととは？

お金が欲しければ、まず、お金を稼ぐ（働く）ことや、お金を使うことを通じて、他者との信頼関係を築くこと。だれかとだれかの信頼関係があるところにお金は集まってきます。お金が「信頼の媒介物」であるというのはそういう意味です。もちろん、信頼といっても、相手の価値観や理想とする状態によって、何に信頼が寄せられるかは異なります。しかし、いずれにせよ、私たちがつくってきたものや仕事に対する姿勢、生き方、周囲の人々との関係、それらが信頼にあふれていれば自ずとそれを交換するための「媒介物」としてのお金も集まってきます。その最たる例として、投資家と起業家という関係があるかと思いますが、この世界におもしろい取り組みがあります。

「CrunchBase」というサイトをご存じでしょうか。このサイトでは、シリコンバレーを中心に、世界の投資家が、だれに、いつ、いくら投資したか？　どの起業家がだれから、いつ、どれくらい投資を受けたか？　などの情報が集積されています。重要なのは、名もない起業家がだれから投資を受けているか？　といった情報すら、信頼の一つの指標となり、のちの資金調達に影響を及ぼすという点です。

このような例だけでなく、信頼できる人と信頼関係を構築することは、昔もいまも、幸せなお金持ちになる原則だったのですが、新しいお金の世界ではこの傾向がより強くなります。それは、これまで見えなかった個々人の間にある「信頼関係」が、情報技術の革新によって「CrunchBase」といったサイトを介して「可視化」することが可能になったからなのです。

新しいお金の世界へのキーワードは「信頼の可視化」

情報技術の革命によって進む信頼の可視化は、「新しいお金の世界」を理解する重要なキーワードです。信頼の可視化とは何か？　信頼の可視化が進む未来では、お金はどう変化するのか？　その核心に迫る前に、次の章で、さらに重要なお金とその仕組みの本質についてお伝えしたいと思います。

信頼が集まる人のところに、お金も集まる

The person who attracts the trust of others also draws money.

マイクロファイナンス

低所得者向けの小口融資や貯蓄などの金融サービス。貧困対策の一環として、貧困世帯の資金需要に対応する目的で1970年代に始まった。発展途上国において、担保や客観的な信頼がある富裕層に限られていた貸し付けを低所得者向けに行うことで、零細事業の運営に役立て、自立し、貧困から脱出することを目指す。

グラミン銀行

マイクロファイナンスを専門にするバングラデシュの民間銀行。グラミンとはベンガル語で「村落」を意味する。利用者の多くは農村の女性。融資の返済率が高く、採算が取れているため、政府の援助に過度に頼らず融資先を拡大することが可能で、社会的企業のモデルケースとされる。同銀行と創設者のモハメド・ユヌスは2006年にノーベル平和賞を受賞。

BRAC

正式名称 bangladesh rural advancement committee。バングラデシュ国内で活動する世界最大のNGO。1972年、独立戦争やサイクロンにより荒廃したバングラデシュの貧困をなくす目的で設立される。創始者はファズレ・ハサン・アベッド。農業開発・教育・保健・金融ビジネスなど多岐にわたる。現在はアフガニスタン、パキスタン、スリランカ、さらにアフリカでも展開。

経済発展

経済成長が、年々の経済活動の成果の長期的な増大を意味するのに対し、経済発展は未発達で低所得の国家経済が、資本の蓄積や技術力の進歩によって近代的な産業経済に生まれ変わるプロセスを指す。近年は経済力・生産力の向上のみならず、社会的な格差是正なども含む語と捉えられる。

高度経済成長

飛躍的に経済規模が継続して拡大すること。日本においては特に、1954年12月から1973年11月までの19年間の経済成長期を指す語として使われる。エネルギー転換や流通革命により、経済成長率は年平均10%を超える、世界にも例を見ない成長を遂げた。

スラム

都市の過密集住地域。本来受けられるべき公共サービスが受けられないなど荒廃状態にある。眠りやまどろみを意味する英語slumberに由来するとされる。産業革命期以降の急激な都市化と人口の都市への大量流入により、階層的・民族的に少数派が集住し、結束をかためる。

経済協力開発機構

通称ＯＥＣＤ。民主主義政府と市場経済を原則とする先進諸国34カ国による国際機関。ＥＵ諸国に日米を含む11カ国が加盟。本部はフランスのパリ。国際的なマクロ経済動向、貿易や開発援助、持続可能な開発やガバナンスについて国間の分析・検討・政策提言を行っている。

寄付

金銭や財産などを公共事業、公益・福祉・宗教施設などへ無償で提供すること。対して「募金」とは、本来、寄付金や義援金を募ることを指し、「寄付」とは意味が異なるが、現在では寄付と募金は同義語として扱われることが多い。

ダウ平均

アメリカの代表的な株価指数。ウォールストリート・ジャーナルを発行するダウ・ジョーンズ社が優良株30銘柄を選定。その株価を元に計算している。30銘柄は時代に合わせて入れ替えられており、２０１４年現在、ボーイング、アメリカンエキスプレス、ゴールドマンサックス、ＩＢＭ、インテルなどの成熟企業が選ばれている。

ビル・ゲイツ

アメリカ合衆国の実業家。プログラマーであり、マイクロソフト社の共同創業者。雑誌『フォーブス』の世界長者番付で、１９９４年から２００６年まで13年連続の世界一であった。２０００年には自身とその妻メリンダによって、世界最大の慈善基金団体、ビル・ゲイツ財団を創設。「すべての生命の価値は等しい」との信念のもと、すべての人々が健康で豊かな生活を送るための支援を実施。

お釣り

買い手から販売価格より高額の貨幣を受け取ったために、返金する差額。返金されることで売り手と買い手の損得が「釣り合う」ことが語源とされる。

第四章

お金の危うさと、人間の弱さについて

ボリビア *Bolivia*

オランダ *Nederland*

金が貴いのは、それを正しく得ることが
難しいからである
さらに正しく得たものを正しく使うことが
難しいからである

アンドリュー・カーネギー
（実業家／1919）

お金がお金を増やすカラクリ

信頼の可視化による「新しいお金の世界」のお話をする前に、あえて、独立した章立てとして、お伝えしたいことがあります。それは、現在のお金とその仕組みの本質を知るために重要な、お金そのものがお金を増やすカラクリについてです。

「投資」や「利子」という言葉がそれにあたります。お金という概念が世界に生まれて以来、できるだけ多くのお金を手にしたかった人々は、お金がお金を勝手に増やす仕組みをつくってきました。そして、結果としてその仕組みに自らが振り回されてきました。そのような時代に生きる私たちが考慮しなければならない点は、お金という巨大な力をコントロールするには、私たち人間はあまりにも未熟な生き物だということです。

私たち人間は、お金をコントロールできるほど成熟していない

人間は、実体のない、価値も不確かなお金を扱う度に、欲に負けて何度もコントロールに失敗しています。その自覚を私たちは持つ必要があります。世界最初のチューリップ・バブル以来、人類はずっと、欲にまみれ、理性を失い、お金に翻弄されては「バブル」を繰り返しています。

私がこの旅に出るきっかけとなった「リーマン・ショック」も、「アメリカ

の住宅価格はずっと上がり続ける」という人々の根拠のない「盲信」と、一部の天才にしか理解できない高度な「金融工学」が用いられたことで引き起こされたものでした。私たちが生きている現在のお金の世界は、ただ単に世界中の人々が互いに「お金には価値がある」と信じ合うことによって成立していますが、私たち人間はその仕組みをきちんとコントロールできるほど、お金とその背後にある仕組みを理解していません。

この章で述べたいことは、そんな「お金の危うさ」と「人間の弱さ」についてです。それについて、「投資」や「投機」、「利子」と「信用創造」といった、お金がお金を増やす仕組みに関する言葉の成り立ちから記していきたいと思います。

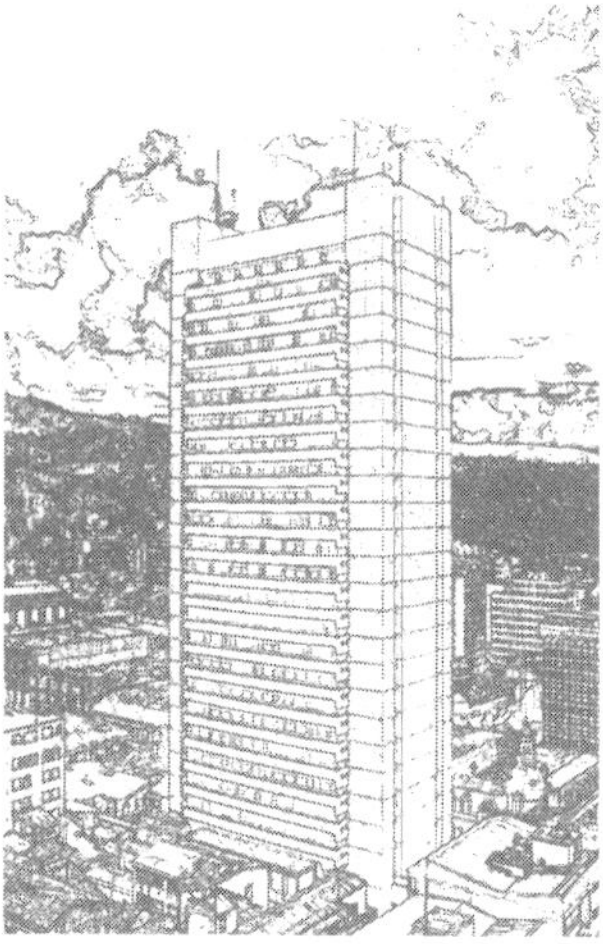

Central Bank of Bolivia

ボリビア

一　ポトシ銀山が生んだ「金余り」

お金がお金を増やす仕組みについて①　投資と投機

南米大陸、標高4000mの都市

ボリビア。東にブラジル、南にアルゼンチン、パラグアイ、西南にチリ、北西をペルーに面した内陸国。人口は約1000万人で、一人当たりのGDPは2792ドル。しかし、この国を旅していると、皆がそれほど裕福な生活を送っているようには見えません。特に先住民の子孫であるインディヘナの人々は、素朴な暮らしをしているように思います。そのせいか、町中や市場で出会うインディヘナのおばさんは静かですが、お金に対してシビアです。

通貨はボリビアーノ（BOB）で、1BOBが17円程度。町中の食堂で、ライスに魚や肉とちょっとした野菜を添えた定食を食べるのに10BOBくらい。ただし、ローカルの市場などで食べればさらに安く済ませることができ、物価はとにかく安いと感じました。

アメリカはニューヨーク、JFK空港からコロンビアへ渡り、その後、約2カ月かけてエクアドル、ペルーと陸路で南下。マチュピチュ側のクスコを経て、長距離バスでボリビアへ入国。大都市ラパスを経て、標高4000m、都市としては世界最高地点にあるポトシへやってきました。

コカの葉を噛み続けながら掘り出した大量の銀

この街は、鉱山で有名で世界遺産にもなっています。街の外れにあるセロ・リコ銀山（豊かな丘の意）には、いまなお、作業のほとんどを手掘りで行う炭坑作業員がいますが、かつて豊富にとれた銀やスズもほとんどとれなくなっているといいます。代わりに、この鉱山の坑道内に入るツアーが外国人観光客に人気で、連日、世界中から訪れる人々をヘルメットと長靴を履かせては狭い穴の中に押し込んでいる様子が見られます。

私もこのツアーに参加しましたが、坑道の中は、本当に暗く、狭く、息苦しく、ただ歩いているだけでも強いストレスを感じました。こんな坑道の中で、手掘りで岩を掘って作業を続ける作業員たちは、長時間の作業による空腹と疲れを忘れるためにコカの葉を口いっぱいに入れて噛み続けながら作業をするといいます。ガイドのおばさんは、この劣悪な環境下で多くの坑夫が肺などをやられ、それでもなお満足な収入があるわけでもないことを強く訴えていました。

様々な技術が発達した現在でさえ、銀を掘り集めるというのはこれほど過酷な仕事なのですから、数百年前にはどれだけの苦労があったのか。もはや想像もできません。そして、このポトシで採掘された大量の銀が、ヨーロッパへ渡り、やがて「投資」と「投機」が生まれるきっかけをつくったのです。

コロンブスによる「黄金の国」ジパングを探す航海がもたらしたもの

歴史を遡ること500年ほど。1492年、コロンブスが「黄金の国」ジパングを探す航海に出ました。結局のところ、日本には辿り着きませんでしたが、代わりに現在のアメリカのフロリダ沖、バハマのサン・サルバドル島に到着しました。これをきっかけにスペインの人々が次々と新大陸をめがけて航海。やがてアステカ帝国、インカ帝国を滅ぼして、中南米を征服しました。そして、この新大陸から、大量の金銀が奪われることになります。

1545年。ポトシの銀山も発見され、1600年代初頭には、銀山の労働者として、多数のインディヘナがポトシに集められ、人口15万人という新大陸最大の都市にまで膨れ上がりました。

こうして、大量の銀がヨーロッパへと運ばれました。結果、新大陸から持ち込まれた銀によって、ヨーロッパに大量の銀貨が流通することになります。そこで初めて、世の中に「金余り」という状態が生まれました。

「金余り」の状態が生まれると、銀貨の希少性が失われ、どんどん価値が下がってしまいます。そこで、お金持ちたちは、お金でお金を増やす資金運用、つまり「投資」や「投機」をする必要に迫られたのです。

「投資」と「投機」の違い

厳密な区別は難しいとされますが、ここで「投資」と「投機」の違いを簡単に説明しておきましょう。たとえば、あなたが「Aという自動車会社が新しい技術を用いた電気自動車を開発した」という情報を聞きつけたとします。そして、その電気自動車がとても画期的で、多くの人に喜ばれ、求められる製品になるだろうと考えたあなたは、A社株の将来的な値上がりを期待して株を買います。これが「投資」です。

もちろん、結果は予測できませんし、どれだけ良い製品でも売れるか売れないかはわかりません。仮に売れたとしても、世の中の景気自体が悪くなって、株価が下がることもあるかもしれません。なので、短期的に収益を上げられるかは不確定です。ただし、「投資」は大前提として、お金を託す相手への信頼と、そこから生まれる将来への期待によって行われるものなのです。

一方、「投機」は単純に、A社の株価の動きに注目して行われます。理由はわからなくても、チャートやデータを見ているとA社の株価が、急に上がりはじめた。その時にA社の株を買うというものです。逆に、A社の株価が下がるよというサインが出たり、不祥事が発覚して株価が暴落するというようなニュースが流れた時に、A社の株価が下がることを期待して「空売り」を仕掛けるといったこともできます。

この場合、A社が電気自動車を開発しようがしまいが、それが売れようが売れまいが関係ありません。ただ、株価がどう動くか？　という数字の動きのみに注目して、そこにお金を稼ぐチャンスがありそうだったら、お金を投げ込む。それが「投機」です。

ここまでに触れたようなネガティブお金観を持つ人と、お金を「信頼の媒介物」として捉えるポジティブお金観を持つ人とでは、お金をだれかに託すという行為自体もそれに向けた姿勢と方法が大きく異なります。端的に言えば、ポジティブお金観を持つ人は主に「投資」を行い、ネガティブお金観を持つ人は、「投機」を行っているのです。

空売りという不思議な仕組み

先述した通り、「投機」の場合、ある会社の悪い評判を聞きつけ、株価が値下がりすると思えば、「空売り」という手法を用いて、株価が値下がりする（その会社の価値＝信頼が低下する）ことで利益を得ることができます。

「空売り」とは、ごく簡単に説明すると、将来的にあるモノの値段が下がることを見越した時、自分の持っていないモノを、だれかに借りてきて、市場で売ることを意味します。たとえば、市場でリンゴが１００円で売っていたとします。しかし、あなたは「青森でリンゴが豊作だ」という情報を耳にし、1週間後にはリンゴが50円に値下がりすると予想しました。そこで、あなたは市場の方に「今日リンゴを10個貸してくれれば、借り賃を払った上に、同じく1週間後にリンゴ10個を返します」といって、リンゴを10個借りて、そのリンゴを自分で市場で売って、１０００円を稼ぎました。

１週間後、予想通り、市場でのリンゴの価格は1個50円にまで値下がり、ここであなたはリンゴを10個５００円で買い、そのリンゴ10個を1週間の借り賃１００円をつけて、市場の方に渡します。市場の方は、約束通りリンゴ10個が戻ってきて、その貸し賃として１００円を手に入れました。そして、あなたは、１週間前に稼いだ１０００円から、今週買ったリンゴ代５００円と借り賃100円を引いても、400円得したことになります。もちろん、予想が外れてリンゴが値上がりしてしまったら、損をしてしまうこともあります。これが、空売りという仕組みです。

トヨタの株を売ることは日本人にとって正しいのか

数年前、トヨタ自動車の車のブレーキが不良を起こしているとして、アメリカのABCニュースで盛んに取り沙汰されることがありました。日本では話題になっていないそのニュースをいち早く察知した私は、「この話題はきっと大問題になる」と考え、数人のお客様に「トヨタの売り」を勧めました。

そんな時、とある資産家のお客様に「確かにそうかもしれないが、そんな意地汚い真似はしちゃいかんよ」と叱られたのを覚えています。恥ずかしながら、当時はその意味がよくわかりませんでした。実際、私の読みは当たり、その後、アメリカでは大規模なリコール問題となりトヨタ株は一時的に大きな下落をしました。空売りをしていれば利益を上げることができたのです。

しかし、今になってみれば、あの時叱られた意味がよくわかります。利益が上がるからといって、何でもしてよいのであれば、それはネガティブお金観を持っていることを意味します。そのような行為でお金を増やし続けたとしても、他者との信頼関係は決して大きくなることはないからです。

一方、「投資」は、投資対象となる会社が顧客に喜ばれるような新しい商品を開発したり、営業努力をすることなどにより、その会社が成長することで（その会社の価値＝信頼が上昇する）利益を得ることだといえます。

どちらが倫理的に正しいというわけではありません。「投資家」であっても、急な相場の変動に対するリスクヘッジの観点から、「空売り」を行うこともあります。しかし、私が証券マン時代に出会ってきた多くの幸せなお金持ちは、皆、「投資」はしますが「投機」はしていませんでした。

このように、お金を信頼の媒介物として捉えるか、そうでないかによって、お金を人に託すというお金の使い方も、「投資」か「投機」といった意味で大きく異なってくるのです。

幸せなお金持ちは、信頼できるものにお金を託す

Happy riches leave money to something reliable.

第四章

ボリビア

The Dutch Bank

オランダ　一　チューリップがもたらした、世界最初のバブル

―
お金がお金を増やす仕組みについて②　バブルと利子と信用創造
―

金余りがもたらした「資金運用」の必要性

だれかが上手いこと利益を上げていると知れば、自分もその波に乗りたくなるのが人間です。マーケットに向き合う人々が我を忘れて投資ではなく、投機に走ると「バブル」という状況が起こります。そう、ポトシの銀が呼んだ金余りの先に、世界最初の「バブル」はオランダで起こりました。

私が訪れたのは、オランダの首都アムステルダムでした。この街も、スウェーデンのストックホルムと同じく街中に運河が張り巡らされた、美しい都市です。デンマークやスウェーデンで感じた人々の心の豊かさをこの国でも感じますが、オランダはさらに自由を楽しんでいる雰囲気があります。

この国では売春も大麻も合法で、アムステルダムの市街地のど真ん中には有名な飾り窓と呼ばれる売春地帯があり、観光名所と化しています。世界中から来た老若男女が、この街をおっかなびっくり歩いては、ちょっとした刺激を楽しむ街。売春をしている女性たちの飾り窓の前に教会がある光景には「本当に自由だな」と感心したものです。ゲイ専門のカフェもあったり、この街ではだれもが自分らしくいることを許されている気がします。

さて、そんな自由の国オランダですが、主要な産業の一つに「花」があります。この国は世界の花市場の6割を占めるほど大量の花を栽培し、全世界に輸出しています。そして、この国で最も愛されているのがチューリップで、国花にも指定されています。みなさんも、なんとなく風車の前に広大なチューリップ畑が広がる画像を見た覚えがあるかもしれません。あの色とりどりのチューリップが、実は世界最初の「バブル」を引き起こしたのですから、お金の歴史はおもしろいものです。

チューリップの球根が生み出したバブル

1634年から1637年にかけて、美しいチューリップの球根が「投機」の対象となりました。当時、様々な模様のチューリップを「チューリップ・マニア」と呼ばれる人々が求めて、その球根は高い値をつけていました。最初は純粋なチューリップ好きによる取引だったのですが、徐々に、「チューリップの球根はもっと値上がりする！」との期待によって、チューリップが好きでもない人たちまでその値動きに注目して、お金を投じるようになったのです。すると、市場における球根の値段はますます上がります。

このように、バブルとは、投資によって始まり、投機によって加速されるものです。最初は情報に敏感な一部の投資家が、将来あるべきそのものの価値に比べて、現在の価格が低ければ「これはいずれ価値が高まる！」と考え、その事業やモノを安いうちに買い、利益を上げていきます。

　このサイクルがしばらく続くと、今度は「買えば儲かるから買う」という投機家が市場に参入します。結果、そのものの実体価値を忘れて、市場価格だけがどんどん上昇していきます。

バブルとは、必ず崩壊する幻想

　しかし、結局はただのチューリップの球根。好きな人以外には、それほど価値はありません。そして、ある時「買い手」より「売り手」の方が多くなった瞬間から、異常なまでに上がりきった市場価格は実体価値のラインまで一気に修正することになります。これが、バブルの崩壊という現象です。ということで1637年の2月3日、突然、買い手がつかなくなり、チューリップ・バブルも崩壊しました。

この時、チューリップの球根を買えば必ず儲かると考えた人は借金をして投機をしていました。しかし、売って利益が出るはずだった球根はタダ同然に。結果、約束通りのお金が返せなくなり、パニックはさらに拡がりました。ちなみに、このように他者の資金を借りて、莫大な資金を投機する方法は、現在の「レバレッジ（テコの原理）」という手法に通じます。以上が「投資」が「投機」を呼び、やがて「バブル」を招き、崩壊するまでの基本的な流れです。

なぜ、私たちは「利子」を払わなければならないのか？

ここまでは、私たちがお金を一時的に別の商品や株式などに交換し、託すことで、将来的にお金を増やすかもしれない投資や投機について紹介しました。しかし、お金には、より純粋に、時間が経つにつれて、お金自体が増えていく不思議な仕組みがあります。「利子」です。

最後に、そのお金がお金を増やす究極の仕組みである利子の成り立ちについてご紹介します。投資や投機は、お金を市場を介して一時的に他の商品に交換し、その値上がりを期待するというものですが、「利子」は違います。まさに、お金からお金を生み出す打ち出の小づちのような仕組みなのです。

私たちが銀行やだれかからお金を借りると、返す時には借りた金額よりも多めの金額を返す必要があります。お金の貸し借りには利子が発生する。この仕組みはあまりにも当たり前のこととなっていますが、ではなぜお金を借りると利子を払わなければならないのでしょうか。その理由を知っている日本人は、本当にごくわずかなのではないでしょうか。

実は、ここに「お金の危うさ」と「人間の弱さ」という二つの課題が隠れています。まず、お金がお金を増やす「信用創造」という仕組みについて紹介するとともに、その奥底にあるお金だけが持つパワーの根源についてお伝えしたいと思います。その上で、私たちがいる現在のお金の世界が、いかに危ういものかを知ってもらいたいと思っています。

なぜ、私たちはお金を借りると利子を払うのか。この仕組みの誕生には、お金が商売をする上でなくてはならない道具になったこと、ゴールドスミスや両替商による貸付証書の発行、商業銀行の誕生などが由来します。

そもそも、物々交換で済んでいた時代は、互いに協力することで、家を建てたり、小さな船をつくることができました。しかし、経済の規模が大きくなると、工場を建てたり、巨大な船を造るために、一度に多くの資材や人を雇う必要がでてきました。くわえて、言葉も通じない異国の商人たちと貿易をするためにも、やはり皆が共通して価値を認めている「交換の媒介物」が、必要不可欠になりました。

そんな時代に重宝されたのが、先述した「金」です。しかし、重たい金は持ち運びに不便。そこで、金を預かる金細工師や両替商が活躍しはじめました。そんな中、次のような流れが生まれます。

ある両替商が1トンの金を預かっていたとしましょう。わかりやすく、この金の価値は1億円だとします。この時、両替商は1億円分の金の預かり書を発行することができます。重たい金を持って歩くのは面倒だし、危険なので、やがて、その権利書自体が交換の媒介物として流通することになります。その仕組みに社会全体が慣れ、その権利書が交換の媒介物、つまり、お金として信頼されるようになると、これがなくては経済そのものが回らなくなっていきます。お金がなければ、当然商売もできない。そこで商人たちは、このお金という便利な道具を一時的に手に入れるために対価を払う。つまり、利子を払うことを受け入れるようになったのです。

お金が自己増殖する「信用創造」という仕組み

さて、便利な交換の媒介物であるお金を貸りるには利子を払う、という仕組みが一般的になってくると、ある両替商はこう考えました。

「皆が便利な交換の媒介物として、金の預り証を必要としている。もはや、これがなければ商売ができないくらいに重要なものとなった。とはいえ、だれも重くて不便な金と金の預り証を取り換えになど来ない。ならば、この預り証を多めに発行して、期限を決めて貸し出そう。しかも、返してもらう時にはきちんと利子ももらおう。もちろん、預り証はちゃんと商売をして、成功しそうな信用できる相手にしか貸さない。そうすれば、預り証を必要としている商人たちも助かるし、私も、預り証を書くだけで、手持ちの金を減らさずに、お金（利子）を稼ぐことができる。みんなハッピーじゃないか！」

こうして、本来1トン＝1億円分しか金をもっていない両替商が、少しずつ、発行する金の預り証を増やし、総額3億円分の預り証を発行するようになったとします。この時、本来そこには実物として1億円分の財産しかないのに、2億円分のこの世には実在しないお金が新たに創造されています。

さらに、この預り証を手にした商人たちが、その2億円分の金の預り証を実際に使い、何かしらの交換が成立したとします。この時、本来この世界には1億円分の金しかないのに、3億円分の取引が成立するのです。これが「信用創造」と呼ばれる仕組みの基本です。

お金だけが持つ、不変性という力

この信用創造の仕組みが成り立つのも、お金が交換の媒介物として何者にも代えがたい道具としての価値を持っているからです。様々なモノの交換や支払いに使うことができ、広範囲で価値の尺度として認められているもので、持ち運びやすく、増やしたり分けたりしやすくて、しかも腐りにくいものとあれば、交換の媒介物としては理想的です。そういったお金の特性の中でも、特に重要なのが、腐りにくく、変わりにくいこと、つまり「不変性」です。私は旅を通じて、そのお金が持つ不変性から生まれるパワーを何度も実感してきました。

お金を借りると利子がつく根本的な理由

バックパッカーとして、お金を節約しながら世界を旅すると、毎日のように価格交渉をすることになります。長距離バスの代金から、1泊の宿代、衣服、果物まで交渉するものは様々ですが、それを繰り返すうちに、価格交渉の優位に立てる場合と、そうでない場合が見えてきました。

その優位性は、選択肢の多さで決まります。こちらよりも相手に選択肢が多い場合は、相手が優位に立ち、逆にこちらの方が多い場合はこちらが優位に立つのです。たとえば、公共のバス会社がないケニアとエチオピアの国境では、他に移動の選択肢がないので、仲介屋の「言い値」で車をチャーターすることになりました。一方、ペルーの市場などで、軒を連ねるお店の中から果物を買う時には、「安く値切る」ことができたのです。

このような経験を通じて、気づいたことがあります。それは果物や魚などは、腐ってしまうため、売り手は一刻も早く売ってしまいたい。だから、いち早く買い手に選んでもらうためにも安くせざるを得ないのです。一方、買い手が対価として差し出すお金は違います。お金は腐らないので、いつまでも待てるのです。私が中国で使わなかった米ドル札は、価値を損なうことなく、1年後にエチオピアで使うことができたように。この、お金を持っている側は「いつまでも待てる」という、お金の不変性に基づいた絶対的な交渉力こそ、お金だけが持つパワーであり、お金を借りることに利子がつく根本的な理由になっているのだと気づいたのです。

お金を生命で買うという、あべこべな生き方

そして、特筆すべきなのは、先述したようにお金が兌換紙幣から不換紙幣へと進化し、さらに、現在、紙という実体すら持たない、電子情報「ビット」へと進化したことです。つまり、いまやお金は燃やすことも、壊すこともできない、そして朽ち果てることもない、永遠に近い不変性を手に入れたということです。それにより、これまで人間にとって道具でしかなかったお金は、

だれにもコントロールできないほどの巨大なパワーを手にしてしまいました。

私たちは、そのビット化したお金を手に入れるために生き、お金がなければ死ぬかのような錯覚に陥りました。そして、本来、私たちを豊かにするための道具でしかないお金を手に入れるために、私たちが持つ唯一の財産である「生命（時間）」を交換に使うという、あべこべな状況に多くの人が陥ってしまったのです。

ポジティブお金観を持たずに、たとえば「時給〇〇〇円」という仕事に何の疑問もなく時間を費やし、そこに学びや、信頼関係を築くといった意識を持たずにいると、それは単に自らの生命（時間）をお金という便利な道具を手に入れるために交換しているのと同じです。

なぜ、このようなことになってしまったのか？　私たちにとって盲点だったのは、お金に永遠に近い不変性を与えて、最高に便利な道具にしてしまっても、肝心のそれを扱う私たち自身の生命に限りがあるという点でした。先述したとおり、お金は、いつまでも待つことができます。しかし、私たちは待てない。たいてい80年もすればこの世界から消えてなくなるからです。

この状況がよいとか悪いとか、そのようなことを話したいわけではありません。ビット化したお金のおかげで、私が旅を通して経験したとおり、銀行預金にある程度の数字が羅列さえされていれば、いまや、世界中のどこにいても、好きな服を買って、おいしい食事ができて、好きな宿に泊まることができます。このように、お金の道具としての利便性は増し、お金は借りたら利子を払うものというシステムにも、もはや疑いを挟む余地すらなくなりました。それゆえに、お金が自己増殖する仕組みにも歯止めがかからなくなったのです。

ノーベル賞の賞金がいつまでもなくならない理由

実際に、所有していたはずの人間が死んでしまったとしても、その人の名義で銀行に預けられているお金は増え続けています。たとえば、かの有名なノーベル賞も、１８９０年代にアルフレッド・ノーベルが残した莫大な資産を元に運営されています。現在、日本円に換算して４００億円以上とされるその基金が、仮に年10％運用され、利益を上げるとした場合、年に30億円〜40億円近い資金が生まれます。これがノーベル賞の賞金となるのです。

様々な形で、実体として何の価値も存在しないお金を増やすことができるようになった社会。もはや世界中の多くの人が、現在世界にある実体の価値と流通しているお金のバランスを正確には把握していないといえるでしょう。

「信用創造」がはらむ致命的な欠陥

　ただし、この信用創造という仕組みにも大きな弱点があるのです。先ほどの1億円分の金に対して、3億円分のお金が発行された世界で、ある日突然、金の預り証を持っている人の50%が、何かの理由で「本物の金と交換してくれ」と両替商を訪ねてきたとします。両替商の倉庫には、合計1トン、1億円分しか金はありません。しかし、交換を要求されている預り証の金額は合計1億5000万円分。金が足りない。そこで、この両替商は慌てて、他の両替商に金を借りにいったり、てんやわんや。とてもその日にすべての預り証と金の交換に応じることはできません。

　すると翌朝、こんな噂が街中に広がります。「あの両替商の預り証を持っていても金には換えられないらしい！」。となれば、それまで交換の媒介物として活躍していた預り証はとたんに信用を失い、紙切れと化すのです。これと同じことが「金融危機」と呼ばれる出来事の中でも起こっているのです。

本来、実物としてどこにも価値が存在しないのに、「レバレッジ」や「デリバティブ（金融派生商品）」と呼ばれる信用創造の手法を用いることで、帳簿上のお金だけがどんどん増えてしまいます。皆が利益を上げている間は問題ないのですが、何かのきっかけで不安になり、安全な資産を求めて一斉に売りに走ると、それに代わるだけの価値ある実物がないのですから、多くの人が大損をし、結果、資金が調達できずに倒産するといった事態に陥るのです。

あのリーマン・ショックもそうです。当時、世界の金や株式、債券、不動産など実体のある市場の合計が約1京3000兆円だったのに対し、帳簿上にだけ存在するお金「店頭デリバティブ」の想定元本合計は4京9300兆円に及んでいたというのです（日本経済新聞2007年11月22日付）。

結果、リーマン・ショックは、単なるいち投資銀行の倒産ではなく、現在の世界のお金というシステムの崩壊を意味する出来事となりました。これが、価値あるものとの結びつきを失い、紙切れ（もはや電子情報）となったお金によって成立している、現在の世界の危うさです。

72億人で、地球の資源を奪い合う時代の中で

現在、世界には72億人もの人間がいるといいます。ほんの数十年前までは世界中の富はアメリカ、ヨーロッパ、日本などの上位10億人で分配されていましたが、これからは、そこにブラジル、中国、インド、ロシアなどの30億人が加わるとされています。地球上で生産される農産物や資源は有限である

にもかかわらず、です。

私は2年間の世界を巡る旅を経て、いま、そのことを強く実感しています。いまや世界中のあらゆる人がiPhoneを手にし、Facebookを使い、豊かなライフスタイルを知ってしまいました。アフリカや南米のスラムに囲まれた都市にすら豪華なショッピングモールが立てられ、トヨタなどの高級車や、ルイ・ヴィトンなどのブランド品が並んでいます。そして、彼らの消費意欲に応えるため、世界のいたるところで、グローバル企業や国家による水源や土地の確保が進められています。すでに資源の奪い合いが始まっているのです。

私たち日本人がいくら世界有数のお金持ちだとしても、同じくらいお金を持つ人たちが現れて、その人たちが小麦や家畜、水や果物や石油を私たちと同じように必要としていたら、それはやがて奪い合いとなります。私たちがいまいる「お金の世界」は、そのような危うさの上に成り立っています。

「新しいお金の世界」幸せなお金持ちになるためのパラダイム・シフト

このように不安定さを増す世界で、もはやネガティブお金観によって、電子上のお金を増やすだけでは、理想を実現する力は得られません。それどころか、私たち人間にとって、もはやお金自体の価値が消え失せつつあります。

アメリカの思想家、バックミンスター・フラーが提唱した「宇宙船地球号」という概念があります。簡単にいえば、地球を宇宙を航海する一つの船とした時、人類はその船に乗り合わせた乗組員になるというものですが、ぎゅっと縮めてそれが１００人乗りの船だとしましょう。その中には機械に強い人、料理がうまい人など、それぞれに違った才能や技術を持つ人がいます。

そんな船が広大な海原を漂流している。その船の上で、互いに船の上にある限られた食料やエネルギーを奪い合っていたらどうなるでしょうか。短期的には、自分の生命を守ることになりますが、長い目で見れば、現状を打破するための何かをつくり出すための協力も、嵐が起こった時に助け合うこともできません。だからこそ、「新しいお金の世界」では、そのような奪い合いではなく、「共有」や「共創」することが大切にされるのです。

手元のお金を増やすだけでは幸せになることができない時代が到来している

The day has come when we can't be happy with just saving money in hand.

暴落

物価・株価などが急激に下がること。特に株式においては、すべて、または特定の銘柄が、数日間で市場平均株価の変動率が二桁の低下をみせる場合に、一般的に暴落と呼ばれる。

金余り

お金の流通における供給が、需要を上回ること。景気の悪化に伴い、企業や個人がお金を借りようとしない、借りる額が少なくなる、または貯蓄に回すようになると生じる現象。

資金運用

事業や特定の活動の元手となる費用(資金)を設備や在庫などの購入に用いたり、また配当支払いに充てること。収益を求めて行われるため、調達に伴って発生するコストを上回る収益が期待できる時に行われる。

空売り

信用取引における取引の一つ。証券会社に株を借り、手元にない状態で売り、それを買い戻すこと。借りた株を売却した時点の株価よりも後に株価が下落することを予想した取引で、株価の下落幅により利益を出すことを目的とする。

市場価格

商品が市場で取引される場合に設定される価格。競争価格ともいい、商品の需要量と供給量の合致するところに定まるため、変動がある。なお、需要と供給が釣り合った価格を「均衡価格」と呼ぶ。

両替商

現在は外貨の両替を行う店舗および窓口を指すが、日本では変動相場制であった江戸時代に金・銀・銅の三種類の基軸通貨の交換を業とした商人のこと。商人や大名などを取引相手として預金、手形発行・決済、貸し付けなど広く営むようになり発達した。

金融恐慌

天災・内乱、景気の悪化などにより、信用機構および金融組織が崩壊し、信用取引や金融市場に著しい混乱状態が起こること。日本では第一次世界大戦からの反動と関東大震災によって発生した1927年の金融恐慌を指す。

レバレッジ

「テコの原理」の意味。外国為替保証金（ＦＸ）取引などでは、このレバレッジを使うことによって小額の資金を運用できる。たとえば、10万円の保証金を預け入れて、１万ドル相当の外貨を売買したとする。その時１ドル＝１１０円だとすれば、10万円の元手で１１０万円相当のドルを運用できる。この場合、元手に対して11倍に相当する資金を運用している、つまり11倍のレバレッジをかけていることになる。レバレッジをかけることにより、相場が思惑と同じ方向に動いた時には元本に対して高い割合の利益を得られることがあるが、逆に相場が思惑とは反対に動けば、元本に対して高い割合の損失が出ることもある。

デリバティブ

金融派生商品と呼ばれ、株式、為替などの原資産の動きに依存して価格が変動する商品、あるいは取引のこと。代表的なものは、オプション、スワップ、先物取引など。財務諸表には時価評価額および評価差額が計上されるが、リスクの高さに鑑みて、注記で取引内容やリスク相当額が開示される。もともとは価格変動リスク軽減や決済コスト削減などの目的で開発されたが、少ない資金で多額の原資産を取引したのと同じレバレッジ効果が得られることから、投機的な目的で使われることも多い。

第五章

「つながりキャピタリズム」の世界へ――信頼が可視化されるこれからの社会について

ドイツ
Germany

新しいお金の世界へ
NEW WORLD

金で信用をつくろうと思うな、
信用で金をつくろうと考えよ

テミストクレス
（政治家／B.C.455）

つながりを可視化し、活性化するFacebook

「信頼の可視化」というキーワードを話す時、重要になってくるのが、今や人々の情報交換の当たり前の手段となったSNSです。

世界を旅していると本当に驚かされるのが、世界中の人々がFacebookを利用しているという事実です。残念ながら中国では規制がかけられており Facebookへのアクセスはできませんが、それ以外の国々であれば、たとえミャンマーの奥地バガンであれ、ウガンダのカバレであれ、エクアドルのバニョスであれ、もちろんニューヨークでもパリでも、世界中の人々がFacebookのアカウントを持ち、身のまわりの出来事や、友人、家族との日常について投稿し、共有しています。

いまやFacebookは世界中の個人をダイレクトにつなげ、そのつながりを可視化している最も巨大なネットワークです。２０１４年３月時点で、すでに利用者は12億８０００万人を突破。私自身もこのFacebookを介することで、つながりが可視化され、活性化されていることをとても楽しんでいます。

旅から帰国した後、ある方に友達申請をして、承認されると、すでに二人の共通の知人がいることがありました。それが遠く地球の裏側で旅のひとときを共にした友人だったりするのです。従来であれば、つながりとは、何度もコミュニケーションを重ねて、時間をかけてお互いのことを知り、初めてつくられるものでした。そうして人々は、信頼関係を築いてきました。

しかし、Facebookを通じて、瞬時に目の前の相手が私の知るだれかとつながっていることが可視化される場合、特にその共通の知人がどんな人だったか？　もまた、目の前の相手への信頼度に大きく影響を及ぼすことになります。これが「つながりが可視化されている」という状況です。

つながりが可視化されると
より強く結びつくことができる

この本の執筆中にも、エクアドルのクエンカからペルーまでの道のりを3日ほど一緒に旅したスペイン人のIvanからFacebookのダイレクトメッセージが届きました。内容はこうです。

「Hi Ken!!! How are you doing? I hope all is good Marta and me (and our daughter) are planning a trip to Japan for next April!!! We'd love to receive some advices and some tips, and of course, if possible meet you in Beppu I guess you still live there huh? We will spend 3 weeks starting from Tokyo and heading south. Keep in touch!」

このメッセージをもらって、私はIvanとMartaのページに掲載されている二人の顔写真を探しました。「あぁ、いつも陽気だったあの二人だ！　そうか結婚したのか！」と思い、そしてメッセージを返信します。おそらく、このFacebookという仕組みがなければ、彼らも私にメッセージを送ることはなかっただろうし、結果、再び日本で会う約束などしなかったと思います。

このように、Facebookは世界のつながりを確実に可視化し、活性化させています。

29億人がネットを介してつながっている

２０１４年現在、世界におけるインターネットの利用者は約29億人に上り、これは72億人といわれる世界人口の4割に及ぶ数字です。そして、インターネットの普及率は、先進国の78%に対して、途上国と呼ばれる国々では32%と、国によって差がありますが、人口比でいえば世界のインターネットユーザーの約3分の2は途上国の人々だということになります。

そして、この利用者数はアフリカなどにおけるモバイルブロードバンド利用率の著しい成長とともに、2013年からたった1年間で2億人ほど増えています。今後、より多くの人々が世界中でインターネットにアクセスするようになるのは明らかでしょう。以上を前提として、インターネットという新たな道具が促進する「信頼の可視化」についてお話ししていきましょう。

Deutsche Bundesbank

ドイツ　一　カウチサーフィンに見る新しいお金の世界

一　お金という存在に代わりはじめたインターネット　一

ホテルに泊まらない旅

ビールとフランクフルトソーセージの国ドイツ。北はデンマーク、東にポーランド、チェコ、南にオーストリア、スイス、西にはフランス、ルクセンブルク、ベルギー、オランダと国境を接するこの国は、人口およそ8000万人。一人あたりのGDPは4万4999ドル。通貨はユーロ（EUR）で、1EURが約143円。

日本と同じく、物価は幅広い選択肢が用意されています。もちろんレストランなどに入るとそれなりに値段も高くなりますが、1EURの軽いホットドッグや、トルコ系や中国系の移民の方々がケバブ店や中華料理の店を営んでおり、手軽なものであれば3EURほどで済ませることもできます。

ドイツ、ベルリン。私はSimonという友人の家にお世話になっていました。友人といっても、彼とはここベルリンで出会ったばかり。とあるウェブサービスを通じて、見ず知らずの私を自宅に泊めてくれることになりました。もちろん無料で。最初は3泊だけの予定でしたが、徐々に予定が延びて、結局7泊させてもらうことになりました。

カウチサーフィンという仕組みこそ「新しいお金の世界」の到来

出会いのきっかけとなった、とあるウェブサービスとは、「カウチサーフィン」といいます。バックパッカーなら大抵の人は知っているこのサービス。簡単にいえば、世界中の宿を探している旅人と、泊めてあげるよというホストをマッチングするサービスです。

私は世界中でこのサービスを利用し、現地で暮らす素敵なホストたちと出会い、泊めていただきました。実際は、宿泊だけではなく、多くのホストが食事はもちろん、街の案内なども行ってくれます。そして、すごいところが、それに対する「金銭的な対価」を要求されたことがないという点です。このカウチサーフィンという仕組みこそ、実は、「新しいお金の世界」の到来そのものだと感じています。

2年の旅のうち、カウチサーフィンを通じて28人のホストに、合計122泊させていただきましたが、その際に使ったお金は、ホストへのおみやげ代くらいです。

仮に、カウチサーフィンがない時代に、もし私が世界一周をしたとして、同じような体験をするためには、旅行代理店などを通じてホテルの情報を探し、価格を比較し、クレジットカード番号を打ち込んで決済を行い、実際にホテルに行ってチェックインをし、今度は街のレストランに行って食事をし、代金を支払い、そのあたりにある旅行代理店に入って、日帰りツアーなどに申込み、代金を支払うことが必要でした。

信頼を可視化するウェブサービス

食事代など、宿に泊まれば本来使うはずだったお金がどれほどになるかはわかりませんが、仮に1泊3000円のユースホステルに122泊していたなら、宿泊費だけでも36万6000円。うまくすれば世界一周航空券も買えるくらいの金額です。それが、カウチサーフィンを利用すると、ほぼ0円。

仮にどちらも同じような部屋、食事内容、散策コースだとしても、後者は商品やサービスの交換手段としてお金を使用しなければなりません。しかし、カウチサーフィンでは、この交換のプロセスがすっ飛ばされているのです。なぜ、このようなお金を介さないつながりが生まれるのでしょうか？

それは、このサービスのポイントでもある、「ホストもゲストも互いを評価し合い、その結果が公開されている」という点にあります。これが、「信頼の可視化」です。

大切なのは、泊めようとしている相手が信頼できるのかどうか？　を見極めること。そして、カウチサーフィンでは互いの評価を明示することによって、そのヒントをユーザーに提供しています。そのため、ユーザーはまだ顔も知らない相手のことをどの程度信頼してよいのか、かなりの精度で判断することができるのです。

その代わり、この仕組みを利用する上で大切になるのは、可視化された情報をもとにホストが信頼できる人物なのかどうか？　を自分の目で見極めること。そして、自分自身もホストが安心できるだけの信頼関係を多くの人との間に築いておくことなのです。

なぜ、世界中のホストは旅人を無料で泊めるのか？

そのために、カウチサーフィンには「バウチ」という機能が備わっています。登録者の中でも特に信頼できる相手には、「この人のことをとても信頼しています」という宣言ができるのです。それにくわえて、たとえばAさんをバウチしている人がだれで、その人が過去のゲストやホストからどんな評価を受けているのか？　などを数珠つなぎに確認していくことができます。

つまり、私がドイツのベルリンで泊めてくれるホストを探す場合、順番はこうです。①ベルリン周辺のホストを一覧で表示し、過去にどのような評価を受けているかを確認する。②その中でも、バウチの数が多い人を選ぶ。③その人の人となりを、自己紹介文とその人を評価している他者のコメントなどから見極める。④信頼できそうだと思えれば、その時点でカウチリクエストを送信する。

こうして、相手から反応があれば、あとは待ち合わせ日時や場所をメールでやりとりして、当日を迎えるというわけです。

お金ももらわずに人を泊める奴なんているのか？　と思う人もいるでしょ

う。私もはじめはそうでした。しかし、自分が行ったことのない国、あるいはこれから行く国のことを知りたい、言語を学びたい、友人をつくりたいなど動機は様々ですが、世界中にホスト候補はいたのです。中には、仕事の関係で世界を旅できないからこそ、子どもたちに世界を知ってもらいたいという理由で世界中の旅人を受け入れている家族もいました。

「信頼をお金で買う時代」の終わり

これまでの世界では、お金が信頼の媒介物としての特性を強めて以来、私たちのお金の使い方、消費のあり方も「信頼をお金で買う」という傾向を強めてきました。お金がたくさん支払われることは、それだけ多くの信頼をされていることを意味する。つまり、私たちはお金をサービスや製品の対価としてだれかに支払う時、その他者への信頼度に応じて、支払うお金の量をコントロールしていたのです。

たとえば、同じような服でも、提供している企業やブランドによって私たちが支払う金額は変わります。それは、製品自体の品質に寄せる信頼の差や、アフターケアなども含め、その製品を提供する企業やブランド、その担い手への信頼に対しての差が大きな要因となっているのです。

しかし、情報技術の発展によって、世界中の一人ひとりが、だれとつながり、何を体験し、その体験を通じて互いが相手をどれくらい信頼しているのか？ が記録され、公開されるようになりました。これは、世界中の一人ひとり、または企業や団体の一つひとつが持っている信頼の「質」と「量」が、言語化され、記録され、公開されることによって、可視化され得る環境が生まれつつあることを意味します。

それにより、私たちは「信頼をお金で測る」「お金で信頼を買う」という行為を必要としなくなりました。

Yahoo!オークションやAmazonを通して
あなたはすでに新しいお金の世界を経験している

これに近いことは、みなさんもすでに体験されていると思います。Yahoo!オークションやAmazonなどでネットショッピングをする際に口コミを見たりするあれと一緒です。会ったこともない人からモノを購入するのに、私たちはネット上にある情報を見て、相手が信頼できるのかどうかをもはや自然に判断しています。

さらに、インターネットを信頼の媒介物とすることで、「お金を介さない交換」すら可能となったのです。カウチサーフィンにおけるホストとゲストの関係も、まさに信頼の可視化によるお金を介さない交換。これこそ、新しいお金の世界の到来を示しています。


しかし、この交換にも、やはり三つの信頼が必要です。媒介物そのものへの信頼（この場合はインターネットというシステム自体への信頼）、自分自身がインターネットを通して交換に値する価値のある何かを有していると信じていること。そして、相手もそれを信頼してくれていることが必要となります。

もちろん、インターネットというシステムが持つ脆さがあるかぎり、完全に信じきれるものとは言いきれません。しかし現に、私はそれによって、世界中で寝る場所と食事を、ホストは私の旅の見聞録を見聞き、ひらがなで書いた自分の名前を知るなどの異文化を経験することができた。そして、両者ともに遠い世界のどこかに暮らす友人との思い出と信頼関係を獲得することができたのです。

「所有と交換」から「共有と共創」の時代へ

このように、インターネットがお金に代わり「信頼の媒介物」となるにつれて、私たちの「所有」という概念も大きく変化しています。従来のお金を媒介とした「交換」ではなく、「共感」をベースにした「共有」へ、さらには「消費」ではなく「共創」へとパラダイム・シフトが起こりはじめているのです。そのような変化の根底には、人と人との「つながり」が持つ価値とパワーをこれまで以上に大事にしようとする価値観の変化があります。

これまでのマネー資本主義（キャピタリズム）崩壊の先に、人と人の「つながり」が資本となり、革新的な製品やサービスを生み出すエネルギーの源泉となる、新たな資本主義の世界、すなわち「つながりキャピタリズム」の世界が到来しつつあるのです。

「信頼の媒介物」としての役割をインターネットが担う世界が始まっている

It has become common that the internet takes a role as "the medium of credit".

新しいお金の世界へ　――　お金にまつわる、私たちの行動を変えよう

—

過去の世界のお金観は、もはや貧しさへ続く道となった

—

「新しいお金の世界」が生まれるための三つの変化

信頼の媒介物としての役割をインターネットがお金に取って代わりはじめたことによって生まれた「新しいお金の世界」。その新しいお金の世界で幸せに生きていくために、私たちはお金にまつわる行動を新しくしていかなければなりません。その時、重要になってくるキーワードは三つです。

一つ目は「時間的、空間的な制限からの解放」、二つ目は「つながりを自ら選ぶ時代」、三つ目は「加速するシェアの文化」という言葉です。順を追って、具体例とともにその紹介をしていきます。

一、時間的・空間的な制限からの解放

まず、新しいお金の世界が生まれるための一つの大きな変化として、インターネットをはじめとする科学技術の発展により、私たちが時間的、空間的な制限からかなり自由になってきたことが挙げられます。ほんの数百年前まで山奥で生まれた人は、一生のうち、一度でも海を見ることすら難しいものでした。歩いていけるところが、一生の生活範囲だったのです。

しかし、いまやその気になれば地球の裏側まで1日で辿り着けます。実際、私のように世界中を旅することも容易い。くわえて、インターネットの登場により、情報の格差が急速に失われつつあることも、国家や宗教や主義思想の境界線を越えて、私たちを自由にしています。

結果、私たちは、現実的にもインターネット上でも、世界中のあらゆる場

所に容易にアクセスすることが可能になりました。たとえ私たちが移動しなくても、毎朝コーヒーが飲めることも空間的な制限から自由になった証しです。あのコーヒー豆が遠く地球の裏側から運ばれてきていることを想像してください。それがたまにお殿様に献上される贅沢品でなく、私たち一般人がいつでも気軽に楽しめるのです。まるで、すぐお隣にブラジルやコロンビアという国があるかのように。

世界の距離が縮まったことにより、併せて起きはじめたことは、変化の速度が劇的に増したということです。飛行機やインターネットが生まれる前は、遠く太平洋を越えたアメリカで起こったことが日本の私たちの生活に影響を及ぼすには、かなりの時間がかかったことでしょう。

しかし現在は、地球の裏側でテロが起きれば、東京証券取引所の株価が下落したりします。深刻な感染症だって、ずっと以前はアフリカで発症したら、日本に来るまでには少なくとも数年を要したはずなのに、今なら、飛行機で半日もあれば病気に侵された人がウイルスとともにやってきてしまう可能性があるのです。

もちろん、必ずしも悪いことばかりが加速するわけではありません。以前起こった「アイスバケツチャレンジ」という運動をみなさんも覚えていると思います。筋萎縮性側索硬化症（ALS）の研究支援のための寄付を訴える目的で、バケツに入った氷水をかぶるか、寄付をするか、あるいはそのどちらも選び、さらに次に続く人を指定するという仕組み。主にYouTubeなどの動画投稿サイトとSNS上で瞬く間に拡散しました。

Facebookの CEOマーク・ザッカーバーグから指名を受けたビル・ゲイツが氷水をかぶり、さらにはオバマ大統領から、果ては日本の孫正義といった世界各国の著名人を含め、わずか3週間で3000万人近い人々がこのチャレンジを行ったといわれています。その結果、前年同時期には寄付額が3万2000ドルだった米ALS協会は、1330万ドル（約16億円）もの寄付金を集めたといいます。

このように、インターネットが信頼の媒介物としての役目を果たす、新しいお金の世界では、世界の片隅で起こったちょっとした変化が、乗数的に加速し、拡大します。これらの変化が、時間的・空間的な制限からの解放です。

二、つながりを自ら選ぶ時代

時間的・空間的な制限から、私たちは自由になりました。しかし、自由とは決して楽なことではありません。それは決断の連続を意味します。新しいお金の世界にある、無数の選択肢。その中でも特に重要な選択が「だれとつながるのか？」という選択です。時間と空間の両面で自由になった私たちは、いまや生まれた街や国にとどまる必要がありません。

私の故郷は大分の別府ですが、あの温泉街に戻ることもできる一方で、アイスランドのレイキャビクに住むことも、カナダのトロントに住むこともできます。実際、日本の出入国者数は増えていて、私が生まれた１９８２年には１１６７万人だったのですが、２０１３年には５７５６万人もの人々が国境を越えて行き来しています。海外在留邦人数の推移を見てみても、２０１３年には約１２６万人と、58万人だった平成元年からも毎年増え続けています。

住む場所にかぎらず、私たちは働く場所や、働き方、休日を共に過ごす人など、あらゆることにおいて、いまや無数の選択肢を持っています。だからこそ、自らが大切にしたいものを同じく大切にする人、つまり「共感」できる人を見つけて、彼らとのつながりを選ぶことが必要となるのです。

三、加速するシェアの文化

そして、「だれと共感し、つながるか？」は「だれと、何を共有するのか？」を決定づけます。なぜなら、私たちがつながる相手が大切にしている価値観は、彼らがどんな技術やリソースを持っているかを決め、その技術やリソースが互いに共有できるものとなるからです。

自然とともに生きることを望む人ならば、農業や狩猟に関する経験や道具を持っているでしょう。グラフィックをつくり出すことが大好きな人ならば、ウェブ制作やデザインのセンスと技術を。子どもたちを笑顔にすることに使命を感じている人ならば、学校や教師とのネットワークを持っているかもしれません。つながる相手として、何を大切にしたいと考える人を選ぶのか。この選択が、つながりを自由に選べる時代において、重要になっているのです。

そして、時間的・空間的な制限から脱出し、つながりを自由に選ぶことができる新しいお金の世界では、私たちは「所有すること」へのこだわりを手放していくことになります。なぜなら、世界中のあらゆる情報や場所、商品やサービスに、その気になればいつでもアクセスすることができるようになったいま、私たちは、もはやすべてを所有し、自らの名前を記すことにはそれほど意味がないと気づきはじめているのです。むしろ、何かを所有することは、その管理や維持の手間を考えれば、足かせですらあります。

結果、私たちはより効果的に商品やサービスにアクセスし、使用することを望むようになりました。必要な時に必要な分だけ利用する。余ったら、必要とするだれかに渡す。そういう関係を築くことで、管理の手間も分け合う、もしくは放棄することができる。「所有」よりも「共有」を重視する価値観が芽生えつつあるのです。シェアハウスやカーシェア、シェアトラベルといったサービスの登場が、そのような価値観の変化を表しているといえます。

シェアハウスは東京だけでも2万1000戸

近年急速に増えているシェアハウスは、ここ数年で物件数が年率30％ほど増加し、3年間で約2倍。2013年末時点で、累計供給数が1700物件、2万1000戸に及ぶ勢いだといいます。中にはシアタールームや大浴場がついているものなど、個人が所有し、管理するのは難しいようなものも、シェアハウスだからこそ利用することができる、といったものもあります。

このように、これまでは個人が所有することが前提になっていたものが「共有」される動きが世界中で加速しています。そして、この「所有」から「共有」への変化が進めば、「交換」という行為自体も限りなく減ることになります。当然、交換の媒介物としてのお金を使う場面も減る。その代わりに私たちは互いが共有できるものや、その方法などについて、正しく理解し、見極めようとすることになるのです。

人々の「消費」そのものが減っていく

この「所有」から「共有」への価値観の変化とともに、信頼の媒介物であるお金を使う目的も大きく進化しています。私たちは、お金を介した交換で他者から手に入れた商品やサービスを自分一人で消費することに、それほど大きな喜びを見出せなくなっています。なぜなら、「消費」という行為そのものは、私たち自身を真に豊かにすること、すなわち信頼関係を築くことにつながらないことに気づきはじめたからです。

先日お会いした国内の某大手旅行代理店の執行役員も、「観光はもはや単に観光地に行って、おみやげを買って、美味しいものを食べるだけでは見向きもされない。そこには『体験』や人々とのふれあいによる『ストーリー』がなければ成り立たなくなっている」とお話をされていました。つまり、商品やサービスを利用する際、私たちは、それを自分一人だけで楽しむのではなく、それを利用することを通じてだれかとつながり、また、そこから生まれる喜びや付加価値を他者と分かち合うことを求めるようになっているのです。

私たちがお金を通して求めるモノ自体が変化してきているのですから、当然、私たちは、お金の稼ぎ方もそれに合わせて変えていかなければなりません。そうでなければ、手にするお金の量が増えないだけでなく、何より私たちを真に豊かにするための他者との信頼関係を築くことができないのです。

こうした変化の中で、いち早く、インターネットを通じて共感できる他者とつながり、互いのリソースを共有して、新しい何かをつくり出そうとする人たちが現れはじめています。

彼らは、互いの得意な技術や知識、アクセス可能なリソースとアイデアを共有し、新たなプロダクトやサービスを創造します。それにより生み出された付加価値は、つくり手への信頼の証しとして、可視化されていきます。同時に、何かを創造するという経験を共有したつくり手は、互いの信頼関係をより強固なものとします。

「所有し、交換し、消費する」というこれまでのお金の世界の価値観は、もはや、貧しさへと続く道となりつつあります。それに代わって、他者との「つながり」が資本となり、新たな仕事や豊かさをもたらす世界。「共感し、共有し、共創する」ことで、つながりを多様で豊かなものにし、結果としてお金も集まってくる世界。すなわち「つながりキャピタリズム」の時代が到来しているのです。そして、この変化は、私たちの「働き方」へのパラダイム・シフトも起こしはじめているのです。

「共有」が「共創」を加速させるクラウドファンディング

「Kick Starter」というサイトをご存じでしょうか？　２００９年にアメリカで設立されたサイトは、いわゆる「クラウドファンディング」というサービスを手がけています。このサイトには「電動スクーター」から「映画製作」「現代アートプロジェクトの開催」から「月に無人機を飛ばそう」というものまで、大小様々なプロジェクトが掲載され、世界中のエンジニアやアーティストが、その夢の実現に向けた資金集めを行っています。

見知らぬ誰かの夢にお金を託し
実現の過程に関われる時代

クラウドファンディングの注目すべき点は、それぞれのプロジェクトにお金を出す出資者は、金銭的なリターンを期待していないという点です。その代わり、必要な資金が集まり、プロジェクトが実現することになったお礼（対価）として「お礼のメッセージを送る」や「出来上がった完成品をプレゼントする」などが予め設定されています。ちなみに、月に無人機を飛ばすプロジェクトに出資するというプロジェクトの見返りは、USBメモリのようなものに出資者の名前を入れて、月面に埋めるというものです。

「Kick Starter」は、サービス開始からわずか5年足らずで約13万5000件のプロジェクトが掲載され、そのうちの4割を超える5万7000件が目標金額を達成し、出資総額が10億ドルを突破しているといいます。

ご存じの方も多いと思いますが、このような仕組みは日本にもすでに生まれています。クラウドファンディングサービスを行う「READY FOR？」では2015年1月時点で、1600のプロジェクトに対して6万3000人が、累計8億4000万円の出資を行っています。同じく「CAMPFIRE」でも1000件のプロジェクトが5万5000人に支えられ、4億9000万円という金額を集めています。

その中には、北極圏を単独で徒歩で1000km歩くプロジェクトへの支援に300万円近い金額が集まっていたり、島根県の廃校寸前の小学校を救うために周辺の空き家をリノベーションする資金を集めるという、12歳の少年のプロジェクトに、600万円を超える資金が集まっています。


出資者が金銭的なリターンを求めていないことの他にくわえて、特筆すべき点は、プロジェクト投稿者とは何の関係もない人々までが出資者となり、その夢の実現にお金を託しているという点です。

島根県のプロジェクトでは、50万円を提供した方への対価は、その地域への1泊2日ツアーと神楽の体験、さらには牧場の子牛の命名権（1頭）でした。従来の交換と消費の価値観からすれば、50万円というお金の対価としては、決して十分とはいえないものだと思います。しかし出資者はプロジェクト掲載者の想いへの「共感」によって、自らの持つリソースの一つである「お金」を「共有」し、実現にむけたプロセスに関わることを決めています。

だからこそ、従来の個人や企業では成し得なかったプロジェクトや新たなサービスやプロダクトの創造が実現しているのです。これこそ「つながりキャピタリズム」へのパラダイム・シフトを表す良い例だと思います。

「おもしろそう！」を独り占めしない社会

さらに、近年声高に叫ばれている考えに「オープン化」があります。私は先日、関治之さんが主催する「Code for Japan」という団体のイベントに参加しました。このイベントには全国各地でＩＣＴを用いて行政サービスのオープン化を行っているＩＴエンジニアの方々や、政府、大学関係者が集っていました。

この場に参加されている方々とお話をしていて驚いたのは、彼らが当たり前のように自らの知識と技能を「共有」し「共創」しようと考えている点でした。ＩＴエンジニアにとっては、そもそもコードをオープンにして、みんなでよってたかって磨いていく方がより早く、より仕事の成果がよくなることが当たり前になっています。その姿勢が、利益を上げることを度外視してでも「おもしろそうなもの」を「おもしろい人たちと一緒につくる」という選択につながっているのです。

働き方そのもののパラダイム・シフトへ

会社に勤めて、自らの時間を売って、任された業務をこなす。このような「会社と個人」「資本家と労働者」といったお金を介した交換関係によって成立していた従来の働き方すら、もはや形骸化しつつあります。

自らつくり出すチカラを持ち、つながることを恐れない人々は、自らの知識や技能、リソースをだれと「共有」し、何を「創造」するかについて、自らの意思で選びはじめています。そしてその時、つくり手たちがそれまでに築いてきた信頼があれば、必要な資金すら、多くの群衆（クラウド）から調達することができる。「つながりキャピタリズム」へのパラダイム・シフトは、もはや「働き方」へのパラダイム・シフトをも生み出したのです。

お金が進化しはじめた今が、働く目的を変える時

いまも昔も、私たちが働く目的は「幸せになるため」だと思います。そして、これまでは幸せになるためにはお金が必要だった。だからお金を稼ぐために一生懸命働いて、いつのまにやらお金を稼ぐために働くことに慣れてしまいました。

しかし、お金が信頼の媒介物であることを思い出し、さらにお金そのものも大きく進化しつつあるいま、私たちにとって、幸せになるために必要なことは、もはや単にお金をたくさん持つことではなくなりました。私たちがそれぞれの求める幸せを得るためには、「他者との信頼関係」が不可欠です。

私たちは、お金持ちを目指して、お金を稼ぐために働くのではなく、他者

とのつながり（=信頼関係）を築くために働き、自らを成長させ、結果として、理想を実現するための力と、それに必要なお金も手に入れることができるようになる。そんな新しい世界を生きているのです。

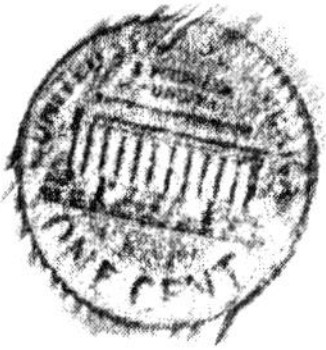

あなたが持つ「つながり」の価値が、あなたの豊かさを決める

The value of your "connection" is your wealth.

モバイルブロードバンド

インターネットの接続形態の一つ。「ブロードバンド」とはＡＤＳＬなどの高速通信回線のことで、モバイル、つまり小型携帯端末をモデム・ネットワークアダプタとして使用し、携帯電話回線を通じて、ノートパソコンやゲーム機などをワイヤレスでブロードバンドインターネット接続すること。

無料

財やサービス対価を受益者に求めないこと。輸送業の発達や第三次産業の高度化により、無料で提供されるサービスは近年増加している。インターネット上の日本語検索エンジンで、最も多く入力されるキーワードの一つでもある。

クラウドファンディング

群衆を意味する「クラウド」と、資金調達を意味する「ファンディング」からできた造語。インターネットを利用して不特定多数の人々から小口の資金を集めるのが特徴。実現したいプロジェクトに資金が必要な人と、資金を提供する人を仲介する専門のサイトがあり、アメリカで２００９年にスタートした「KickStarter」を皮切りに、日本でも複数のサービスが登場している。

対価

財物や行為などによって人に与えた利益に対して受け取る報酬。

ネットショッピング

パソコンや携帯電話を用いて、インターネット経由でショッピングをすること。出店者側としては実店舗と比べると周辺機器があれば始めることができるため、初期投資を抑えられる。１９９０年代以後インターネットの拡大によって大きく発達した。平成23年版『情報通信白書』によると、15歳以上の国民の３人に１人が利用している。

ＩＣＴ

Information and Communication Technologyの略。情報・通信に関する技術の総称。情報技術を意味するＩＴのほぼ同義語であるが、２０００年代半ば以降、ＩＴに替わる語として、行政機関および公共事業などで用いられている。

終章

私たちはどのように働き、どのように生きていくべきかについて

コロンビア
Colombia

最後に
At the End

墓場で一番の金持ちになることは私には重要ではない。
夜眠る時、我々は素晴らしいことをしたと言えること、
それが重要だ

スティーブ・ジョブズ
（経営者／2011）

「経済」という言葉に、血が通う

私たちが普段、新聞やニュースで目にする「GDP」や「株価」などの経済用語の背後には、様々な人と人とのつながりがあります。たとえば、2013年の世界各国のGDPの合計は、75兆ドルといわれます。円に換算すると、9000兆円近くになります。日本は、そのうち4兆8980億ドルを担うとされています。日本円で600兆円近い金額です。

この数字の裏側には、それを生み出してきた、人と人の信頼関係があるのです。そう考えると、「お金」や「世界」や「経済」という言葉に血が通って見えないでしょうか。

そして、そのような人と人のつながりを加速させ、強固にするために、人類が新たに生み出した発明がインターネットです。インターネットが信頼の媒介物になる世界では、さらに人と人とがつながるチャンスが広がっていきます。この技術の進化によって起こった「つながりキャピタリズム」への価値観の変化を、「理想を実現する力」、つまり「幸せになる力」を獲得する機会とすることができるのか、できないのか。その結果も、私たちが見えない「つながり」の価値を感じられるかどうかにかかっています。

「依存」や「盲信」から抜け出す、手段としての旅

忘れてはならないことは、お金同様、インターネットもまた、私たちがつくった便利な道具であるということです。しかし、便利すぎる道具だからこ

そ、私たちはそのコントロールを誤ってしまったり、「依存」してしまったり、「盲信」してしまったりする恐れがあります。私たちがお金をコントロールすることができずに、バブルや、それを通じて企業が倒産し、会社を首になる人が出てきたり、社会全体の人々の信頼関係の崩壊につながってきたのと同じように。

因果関係はわかっていませんが、興味深い数字があります。日本国内における「インターネットの利用者数の推移」と「うつ病推計患者数の推移」のグラフの形がとても似通っているということです。平成9年には約1155万人だった日本のインターネット利用者数は、平成20年には9000万人にまで拡大しています。同期間で、43万人だったうつ病などの気分障害患者数は、100万人を突破しています。

だからこそ、私たちがこれから先の時代に選んでいかなければならない道は何か？　それはやはり、私が世界一周の旅に飛び出したのと同じように、一人ひとりが部屋の外へ、街の外へ、国の外へ出て、自らの身体で世界を感じ、そこで他者とリアルにつながることだと思えてなりません。

インターネットの世界は広大だが触れることができない

繰り返しになりますが、お金にしろ、インターネットにしろ、それを生み出したのは人間です。そして、永遠の命を持ったそれらの道具を使いこなすのも、限られた生命＝時間を持った人間です。そんな私たち人間にしかできないことがあります。それが「感じる」という行為です。

すべてが電子情報になるインターネットの世界、言い換えれば「ビット」

の世界は、すべてが0と1で構成されます。それは二元論の世界であり、そこには常に対立が存在しています。しかし、私たちが五感で感じることは、どれも分け隔てることができません。

「つながりキャピタリズム」の世界で豊かなお金持ちになるためには、信頼を見極める力が必要不可欠ですが、その数値化できない信頼を見極める力は、肉体を用い、五感で「感じる」経験を通じてしか、磨くことができません。

世界の食文化や、自然、国、民俗、宗教について、インターネットでどれだけ情報を知ったところで、それだけでは、本当に価値があるものを感じることはできません。ゆえに、それを見る目を磨くこともかなわないのです。

この先、あなたがもし、豊かで幸せなお金持ちになりたいと願うならば、気合の入ったバックパッカー旅でなくとも構いません。東浩紀さんの著書『弱いつながり』の中でもいわれているように、ちょっとした観光などを通してでも、弱くてもリアルな絆を張り巡らすために、少しだけ勇気を持って外に飛び出し、いろいろな価値に触れ、感じてみることをお勧めします。

Banco central de Colombia

コロンビア　一　ピストル強盗に遭った私の結末

―　託されたのは、世界をもう一周できるほどのお金だった　―

ふるさとに似た街

南米コロンビアの首都、ボゴタ。２０１３年11月。世界一周の旅も終盤に差しかかった頃。私は、ピストル強盗に遭いました。

旅先で訪れた街では、いつも路地裏散策をして、地元の人々の生活を見てまわるのが日課だった私は、ボゴタでも中心街の周辺を散策していました。ニューヨークから飛行機で入った初の南米、３日目ということもあり、スペイン語もわかりませんでしたが、笑顔で応対すれば大抵のコミュニケーションはとれます。

ボゴタの中心街は小さな山の裾野にあり、街は急な坂道であふれています。なんとなく私のふるさと、大分の別府を思わせる街のつくりに、嬉しくなって坂の上まで散策することにしました。途中、小さな売店の中から、店のおばさんが坂の上を指さして「ペリーグロ」と私に声をかけてくれました。その先の道が急に入り組んでいることから、私は「あぁ、行き止まりか」と思い、教えてくれたおばさんに会釈をして、少し坂を下って横道に入り、違う通りに出て、再び坂の上を目指しました。

振り返ると、坂の下、家々の間にボゴタの街が広がります。もう少し見晴らしのいい場所に出たい、そう思っていると、坂の上に小さな教会があるのが見えました。よし、あそこまで行こうということで、坂を上った先にある二車線の道路を渡り教会に辿り着きました。

近所の人々が、物珍しそうに私の方をじっと見ています。そのうちの一人の水色の服を着た女性に、「オラ！」とスペイン語で挨拶をすると少しはにかんで返事をしてくれました。あまりにものどかな人々の様子に、おそらく私の顔は緩んでいたに違いありません。

額に突きつけられた銀色の筒先

と、次の瞬間でした。だれかが私の左肩をポンッと叩きました。反射的に振り返ると、銀色の物体が、その筒先を私の額にそっと近づけていました。その状況を理解するのに、おそらく1秒程度の間があっただろうと思われます。自分に向けられているのがピストルだということに気づいてからは、それを握っている男の意図もすぐに理解できました。

背後から、自分を羽交い締めにしようとする別の力が加えられました。二人の男が、私の背負っているリュックサックを奪いにかかりました。自分でも驚いているのですが、この時の私は必死に銃口から顔を背けながら、瞬時に自分が所持している荷物が何で、どこにしまってあるかを把握し直したように思います。iPhoneと財布、キャッシュカード、それにカメラはウエストポーチに入っている。パスポートは所持していない。背中のリュックには、ガイドブックとペットボトルの水くらいしか入っていない。そういったことをあの瞬間、叫びながらたしかに考えていました。

だれも、助けてくれない

まだ逃げ切れる、だれかが助けてくれると考えていたのかもしれません。次の瞬間、私を羽交い締めにし殴っている男たちの向こうから先程挨拶を交わした水色の服の女性が向かってくるのが見えました。助けに来てくれた！安堵を感じた瞬間、なぜか彼女は正面から私の腰に手をまわし、ウエストポーチを外しにかかりました。彼女の思惑が成功した「カチッ」という音を聞いた時に、私は抵抗する気力を完全に失ってしまいました。あの無力感を今でも鮮明に思い出すことができます。

その後はされるがまま、身に着けていた時計と服以外のすべての物を奪い取られ、地べたに転がされました。その後、さらに何度か蹴られたように思いますが、はっきりとは覚えていません。去り際に、赤い帽子の男が私の顔を指さして何やら叫んでいました。私は、ウエストポーチを抱えて坂の上へ走って逃げていく女性の姿を力なく見つめることしかできませんでした。

どうして、このような場所に来てしまったのか？　どうして、もっと抵抗しなかったのか？　どうして、だれも助けてくれなかったのか？　そのような様々な思考が頭の中をぐるぐるしながら、気がついたら頭を抱えて、私は威嚇とも悲鳴ともつかない叫び声を上げながら、ただただ地面にひざまずいていたように思います。

「Are you OK？」

しばらくすると、おそらく一部始終を見ていたであろうおばさんが、私を落ち着かせようと何やら声をかけてくれました。促されるままに坂を下り、20mほど下りた教会の前の広場に腰を落ち着けました。どこからともなく、別のおばさんが泣きそうな顔をしながら、私にコップ1杯の水を渡してくれました。気がつくと喉がカラカラに渇いていました。

少しだけ水を飲むと、ことの重大さが感情を伴って押し寄せてきました。この旅の継続は、もはや絶対的に困難でした。無一文どころか、友人宅の連絡先も住所もわかりません。何より、英語も日本語もまったく通じません。だれに何と言って助けを求めていいかもわからないし、周りに集まってくる人たちが何を言っているのかも、さっぱり検討すらつかない。その瞬間、ドンッと孤独が襲ってきて、私は再び頭を抱えてうめき出したのを覚えています。

またしばらくして、だれかが私の左肩を叩きました。顔を上げると、そこには一目でそれとわかる教会のシスターが立っています。「大丈夫？」「ケガはない？」。シスターは、英語でそう尋ねてくれました。「何か盗られたの？」「いま、警察が来るからね」。その言葉を聞いて、私の口から「ありがとう」という言葉が出るのと同時に、目から涙がボロボロとあふれ出すのがわかりました。人目を気にする余裕もなく、なぜかボロボロあふれてくる涙を止めることができませんでした。そこでようやく、家族や、親友たちの顔が思い浮かびました。

そのあと、教会の神父さんが出てきて、その方に体を支えられながら、私は教会の施設内へと入りました。アメリカのデトロイト出身だという初老の神父ロベルトさんは、私の事情を聞いてくれ、神父さんがそれを警官に伝えてくれました。神父さんいわく、ボゴタの中心市街地では、強盗事件は日常茶飯事で、神父さん自身も過去に3度襲われているのだそうです。何より、刺されたり、撃たれたりしなかったことだけでもかなりの幸運だったよ、と言われました。

このあたりで銃を持っている若者は、例外なくドラッグをやっているのだそうです。そのため、モノを奪うことだけで、犯行が収まることは珍しい。とはいえ、私はここで残りの旅の期間に必要なお金とキャッシュカード、iPhoneやカメラ、メガネなどをほぼすべて失ってしまいました。

神父が手のひらに押しつけた5万ペソ札

とりあえず、私は警察署に行くことになりました。その間、ロベルト神父がずっと私の相手をしてくれ、いろいろな話を聞かせてもらいました。なぜ、この国に来たのか？　危険な目に遭ってまで、なぜこの教会に居続けるのか？　そして、この国が抱えているお金と心の貧困について。

コロンビアの一人当たりのGDPは8215ドルだといわれています。意外にも、世界で30位、南米でもブラジル、アルゼンチンに次ぐ経済的に豊かな国だそうです。しかし、そのデータと現地の人々の実情は明らかに違います。実は、私が足を踏み入れた教会から先の区域は、広大なスラム街の入り口なのだとロベルト神父に教えられました。さらに、のちにスペイン語を学んで気づいたのですが、「ペリーグロ」とおばさんがかけてくれた言葉は、「行き止まり」などではなく「危ない」という意味だったのです。

1時間後、お礼を伝えて別れようとすると、ロベルト神父が「これを持って行きなさい」と5万ペソ札を3枚、手渡してくれました。当時のレートで、50ドル前後。日本円だと約6000円。これだけ聞くと大きな額ではありませんが、ここは旅人ですら一食100円程度で済ませられ、宿にも1000円も出さずに泊まれてしまう国です。それはこの国の人々にとって、明らかに大金でした。

「いや、これはもらえないです」と、私は遠慮しましたが、彼は「いまは持っておくだけでいい。持って行きなさい。これは返さなくても大丈夫だから」と言って、分厚い手のひらの上のお札を私の右手に押しつけました。

お金が持つ、本当のチカラ

いくら困っている人がいたとしても、たまたま出会った見ず知らずの外国人に、私たちでいうなら、2万円から3万円のお金を託す。こんなお金の使い方は、簡単にできることではありません。この時、ロベルト神父がくれたお金は、強烈なパワーを放っていました。私は、自分がもっとも追い込まれた時に、その「お金のパワー」に救われたのです。

その後、警官に送り届けられ、私は無事にホスト宅に戻ることができました。さすがに最初の3日間はホスト宅に籠もり、寝込んでしまいました。その間、出来事を知った家族や友人から、たくさんの心配の声が寄せられました。いままで、私の行いには一切口出しをしなかった母親からも「いますぐに帰ってくるように」と強い語気のメッセージが届きました。

横になっていると、あの銃口の感触が額に蘇ります。これ以上旅を続けられるのか。何より、大半のお金とモノを失ったいま、先に進んでも日本に戻ることが難しい。さんざん迷いましたが、最後はある方の「いま帰ってきたら後悔するんじゃないの？」という一言で、私は再び進むことに決めたのです。

そして、ある選択をしました。私は、旅の資金を日本にいる友人たちに提供してもらえないかFacebookを使って呼びかけたのです。

結果、託されたのは
世界をもう一周旅できるほどのお金

結果、多くの友人や先輩、知人から、世界をもう一周できるほどの資金提供の申し出をいただきました。もちろん私は、「日本に帰ったら働いてきちんと返します」と伝えましたが、そのうちの何人かの友人は、「その必要すらない」と言うのです。「その代わり、やりたいことを成し遂げて、無事で帰ってこい」。それが、彼らの共通のメッセージでした。

その後、私の銀行口座には日本各地の友人からお金が送金され、私はその資金を地球の裏側にあるコロンビアのボゴタのATMで、コロンビアペソ紙幣として引き出すことができました。その先の国でも、またその次の国でも、そのお金は各国通貨として私の手元に届き、旅を続けることができました。

実は、その事件から数日後、私は恐る恐る再びあの教会を訪れました。ロベルト神父にお金を返すためです。私がお金を返すために来たと知って、ロベルト神父は「そんな必要などなかったのに」と、静かに、しかし喜んでくれている様子でした。そして、その笑顔は、もちろんお金が返ってきたことに対してではありませんでした。

ロベルト神父は、「もしよければ、再びここに来てもいいと思えるのなら、明日、私の同僚との食事に来ないかい?」と私を招いてくれました。翌日の食事会では、教会で修養を積んでいる若い神父や同僚のみなさんとともに食事。ピストル強盗に遭った街で、私はロベルト神父をはじめ、大切な「信頼関係」を得ることができたのです。いまなお、彼らとはFacebookを通じてつながっています。

お金はかけがえのない「つながり」を生む

このつながりを生んでくれたものは、何だったのか？　それは、たしかに「お金」でした。ロベルト神父が手のひらにのせてくれたお金、日本にいる友人や知人たちから寄せられたお金。その裏側にある信頼。何よりも、彼らに対する強い感謝が、かけがえのないつながりを生んでくれたのです。それはまさに、お金とインターネットという人間が発明した素晴らしい道具が人と人の間にある信頼の媒介物として役立った瞬間でした。

私はお金やインターネットが持つ、道具としての素晴らしさを深く信じることができました。お金とは本来、だれかを貶めたり、不幸せにするものではなく、やはり、私たちをつなげ、幸せにするための道具なのです。

一隅を照らす生き方が報われる世界へ

「つながりキャピタリズム」の世界では、このような物語がいくつも生まれては急速に拡散する可能性を秘めています。私がロベルト神父との物語をFacebookやブログに投稿することで、インターネットを介して、その物語も急速に広まり、やがて数多くの友人や先輩たちからの支援へと拡大しました。つまり、目の前のほんの小さな出来事に対して私たちが行う「一隅を照らす行為」が、これからの世界では、大きなうねりとなって世界を動かす可能性を秘めているのです。

多くの社会起業家の輩出に関わってきたNPO法人ETIC.の宮城代表は言います。「最近は、旗を掲げて頑張っていると世の中の方が勝手に見つけて応援してくれるようになった」と。つまり、社会全体から見れば小さなほんの一隅の出来事でも、だれかが目の前の何かに必死に打ち込み、新しい道を拓くことに挑戦をしていれば、自然とそこで生まれた物語は、あっという間に世の中に伝播し、知恵や時間やモノを引き寄せ、加速し、世界を変えてしまう可能性を秘めているのです。

これまで、つつましく誠実な生き方とは、豊かな信頼関係を約束するものではありましたが、必ずしも経済的な豊かさを呼ぶものとは限りませんでした。「いい人ほど損をする」「正直者が馬鹿を見る」と言われてきたように。しかし、「つながりキャピタリズム」が浸透すれば、そんな言葉は過去のものになります。それぞれが、それぞれの現場で、人や自然にまっすぐに向き合い、共に働き、工夫し、新しい付加価値を生み出す。そのように地に足をつけて生活する人たちこそが、より多くの他者とつながり、信頼関係を築くことで、経済的な豊かさも、理想を実現する力も手にすることができるのです。これから、あなたは何の旗を世の中に掲げますか？

２０１４年。日本国内では、大小合わせて90社が新たに株式公開を果たしました。その中には上場直後、時価総額（＝株価×発行済株式数）が２兆円を超えたリクルートＨＤをはじめ、すでに国内でも高い信頼を得ている企業もありました。一方で、それほど知名度も高くないベンチャー企業も多数あります。また最近、アプリサービスなどを開発するベンチャー企業が「○億円調達」などのニュースを発信するのを目にする機会が増えました。

このようなお金の話題に対し、日本人はこれまで「金の亡者」といったネガティブな印象を持つ人が多かったのではないでしょうか。しかし、この本を読んだ今ならおわかりいただけるように、こういった株式公開や資金調達の話題は「つながりキャピタリズム」の世界から見れば、心から祝福すべきことなのです。なぜなら、それはだれかが旗を掲げて挑戦し、その過程で他者との豊かな信頼関係を築いてきた証しなのですから。

「儲ける」という字の本当の意味

尊敬する、あるベンチャーキャピタリストの方がおっしゃっていました。

「『儲ける』という字は『信じる者』と書きます。『儲ける』ことは、すなわち、『自らを信じてくれる人』と『自らが信じる人』を増やすことに他ならないのです」と。

私たちが手にしたお金は、私たちが築いてきた「自らを信じてくれる人」と「自らが信じる人」との信頼関係そのものなのです。

最後に

私たちは、お金のことをあまりにも知りませんでした。そして、いつの間にか、そのお金に振り回される人生を送っていました。私が世界を旅してお金を使う人々と、その歴史を体験することで学んだことは、お金とは、本来、私たちを幸せにするための「道具」としてつくられたということです。少なくとも、お金のせいで心を病んだり、生命を絶ったりするなんて馬鹿げているのです。

お金を「信頼の媒介物」として捉えなおしていただくことで、私たちが日々の「買い物」や「投資」を通じてお金を使い、だれかに託すことは、他者に対して信頼と感謝を示す行為になります。さらに、私たちがお金を稼ぎ、集めるための最も身近な方法である「働く」という行為も、他者と関わり、喜ばせ、信頼関係を構築し、自らも学び、成長する絶好の機会となります。

そして、本当に大切なことはお金そのものではなく、その奥にある「つながり」だということに気づけるはずです。そう考えることができれば、いま私たちの財布の中にあるお金も、勤め先やお客様から振り込まれることで増える銀行口座の残高の数字も、そのすべてに、だれかとのつながり、だれかからの信頼と感謝が詰まっていることがわかるはずですし、そうすることで、私たちの日常がどれだけ多くの人々の生命＝時間に支えられて成り立っているのかが感じられるはずです。

みなさんのだれかとつながる日々が、感謝と信頼にあふれた、素敵なものになることを心から祈っています。

経済

世の中を治め、人民を救うことを意味する「経世済民」に由来する語。中国の古典『文中子』礼楽篇に書かれた「皆有経済之道、謂経世済民」が初出。日本では福沢諭吉がeconomyの訳として、「経世済民」から「経済」という言葉をあてたのが始まり。

ATM

Automated teller machineの略。日本語では現金自動預け払い機。銀行や郵便局の金融機関のみならず、スーパー、コンビニ、役場、鉄道駅など公共施設にも設置されている。利用者自身が、専用のカードを差し込み、設置されている専用端末を操作、必要に応じて暗証番号などを入力して、各種サービスを受ける。

社会起業家

事業を通じて環境や人権、福祉などの社会問題の改善を図るために起業する人。従来、政府や行政などの公共サービスによって解決するべきこととされてきたことを対象とすることが多い。社会にどれだけの強い効果を与えたかを成功の尺度とする。ビジネスとして問題解決に取り組む点で非営利であるＮＰＯとは異なる。

株式公開

特定の少数株主に限られていた株式を、売り出しや新規発行によって株式市場に流通させ、第三者による自社株式売買を可能にすること。市場から得た資金により事業を拡大できること、知名度や社会的信用の向上がメリットであるが、管理コストや買収の危険性が増大するなどのデメリットもある。

ベンチャー企業

新技術や高度な知識を軸に、大企業では実施しにくい創造的・革新的な経営を展開する中小企業を意味する和製英語。ベンチャーとは「冒険的な企て」のこと。日本においては1970年代に第一次ベンチャーブームが到来し、研究開発型の製造技術系ベンチャーが多く設立されたことに始まる。

ベンチャーキャピタリスト

ベンチャー企業に投資をするために、資金を集めてファンドの運営責任を担う人のこと。有望な投資対象を選別し、投資後はパートナーとしてコンサルティングを行うことで会社の価値を最大化させようとする。経営者とコミュニケーションをとる必要があり、頭のよさや基礎学力、学歴の高さも求められる。

資金調達

企業が活動するための資金を外部から得ること。株式の発行による調達を指す自己資本による調達と、金融機関からの借入れや、社債の発行による他人資本に二分される。

感謝の言葉

これまでに、本当に多くの人に支えられました。まず、じいちゃん、ばあちゃん、そして家族へ。みんなの日々の支えと寛大な理解がなければ、旅に出ることも、続けることも、できませんでした。深く感謝しています。次に、特に今回の出版に関して、私に重要な学びと気づきを与えてくれたメンター、先輩、友人など、以下のみなさまにはあらためて感謝を伝えたいと思います。

青木健太、赤澤礼士、安達元哉、安部成之、池田賢一、石塚真保、伊藤淳司、稲増裕子、井上英之、井上大輔、岩穴口洋典、上原知之・遥、内野博礼、宇都宮太、大河内あい子、太田英基、小川智大、小川悠、折田淳志、加勢雅善、加藤轍生、川口雄太、北川力、黒澤範之、高祖卓・知陽、小早川ゆかり、小森勇佑、酒井真吾、坂本侑奈、佐々木健介、佐々木春菜、松丸洋幸・恵美、貞包隆宏、佐藤篤千、篠原隼人、渋澤健、下崎礼子、白井尋、杉浦元、杉田大樹、杉本怜子、鈴木敦子、施依依、関治之、瀬谷祐介、孫泰蔵、田浦建、高木公平・友佳子、高橋透、高橋優、滝島大介、田中美咲、出家光秀、豊島妃友巳、戸井田雄、中村俊之、中村瑞、西田康子、畑村尚兵、早川美帆、林暁甫、番野智行、久野隆史、久澄直樹、日高美乃里、平谷一樹、松田憲、松本昴、丸山雅司、三上昌孝・佑季、三鬼紘太郎、光野聡、宮城治男、三宅紘一郎、宮崎陽、森卓也、森下洋子、森本喜久男、森脇大、山内幸治、山田諒、山野貴子、吉岡マコ、吉兼勝樹、吉田亮人、渡辺大樹（あいうえお順、敬称略）

最後に、本書を世に出すきっかけをくれた「企画のたまご屋さん」の長嶺超輝さん。そして、長い間、根気強いコミュニケーションとご指導をくださった大塚啓志郎さんと、多大な尽力をいただいた、いろは出版のみなさまに感謝申しあげます。この本が出来上がったいま、私にとって何よりもみなさまとの間に築かれた信頼関係こそ最も大きな財産となりました。まだまだ、名前を挙げればキリがありませんのでこの辺りで止めておきますが、いま一度、これまで出会ってくれたみなさまと、これから出会うみなさまに、深い感謝を込めて。ありがとう。

渡邊賢太郎

なぜ日本人は、
こんなに働いているのに
お金持ちに
なれないのか?

2015年2月14日　第1刷発行
2015年5月1日　第3刷発行

著者　渡邉賢太郎
編集　大塚啓志郎
発行者　木村行伸
発行所　いろは出版株式会社
京都市左京区岩倉南平岡町74
TEL 075-712-1680
FAX 075-712-1681
印刷・製本　株式会社シナノパブリッシングプレス
装丁　坂田佐武郎
装丁写真　日比康二
英訳　江守岳志
協力　NPO法人　企画のたまご屋さん
乱丁・落丁本はお取替えします。

ISBN 978-4-902097-79-5

H　P http://hello-iroha.com
MAIL letters@hello-iroha.com

参考リンク、書籍一覧

- 本書籍内の GDP：International Monetary Fund　→　http://www.imf.org/external/index.htm
- 31 ページ 7 行目：ダイヤモンドオンライン「ジンバブエが日本円を採用 困難な中央銀行の信用回復」
  →　http://diamond.jp/articles/-/49266
- 34 ページ 4 行目：BANK FOR INTERNATIONAL SETTLEMENTS　→　https://www.bis.org/publ/rpfx13fx.pdf
- 34 ページ 9 行目：ボストン・コンサルティングファームレポート　→　http://www.bcg.co.jp/documents/file164228.pdf
- 35 ページ 3 行目：内閣府「国際金融センター、金融に関する現状等について」
  →　http://www5.cao.go.jp/keizai-shimon/kaigi/special/future/wg1/0418/shiryou_02.pdf
- 70 ページ 4 行目：総務省統計局「労働力調査長期時系列データ」　→　http://www.stat.go.jp/data/roudou/longtime/03roudou.htm
- 90 ページ 4 行目：国税庁　→　http://www.nta.go.jp/kohyo/press/press/2012/sozoku_shinkoku/
- 96 ページ 8 行目：『知っておきたい「お金」の世界史』宮崎正勝（角川学芸出版、2009 年）
- 122 ページ 6 行目：『知っておきたい「お金」の世界史』宮崎正勝（角川学芸出版、2009 年）
- 176 ページ 4 行目：Gigazine「『最も労働時間が長いのはどの国か』が一目でわかるインフォグラフィック」
  →　http://gigazine.net/news/20110906_work_hours_around_the_world/
- 189 ページ 7 行目：外務省「ウガンダの概要と開発動向」
  →　http://www.mofa.go.jp/mofaj/gaiko/oda/shiryo/hyouka/kunibetu/gai/uganda/pdfs/kn10_03_01.pdf
- 201 ページ 9 行目：『バフェットの株主総会』ジェフ・マシューズ（エクスナレッジ、2009 年）
- 202 ページ1行目：『The New York Times』2006 年 7 月 26 日付　→　http://www.nytimes.com/2006/06/26/business/26buffett.html?_r=0
- 221 ページ 3 行目：『南米ポトシ銀山』青木康征（中央公論新社、2000 年）
- 234 ページ 7 行目：農林水産省「オランダ農業が有する競争力とその背景」
  →　http://www.maff.go.jp/j/kokusai/kokusei/kaigai_nogyo/k_syokuryo/pdf/eu_netherlands.pdf
- 249 ページ5行目：「The Nobel foundation 2013 Annual Review」
  →　http://www.nobelprize.org/nobel_organizations/nobelfoundation/annual_review_13.pdf
- 262 ページ5行目：ソーシャルメディアマーケティングラボ「5 大ソーシャルメディアのユーザー数まとめ」
  →　http://smmlab.jp/?p=31870
- 264 ページ 9 行目：総務省「インターネットの統計」　→　http://www.soumu.go.jp/joho_tsusin/kids/internet/statistics/internet_01.html
- 265 ページ 6 行目：International Telecommunication Union「The State of Broadband 2014」
  →　http://www.broadbandcommission.org/Documents/reports/bb-annualreport2014.pdf
- 288 ページ 6 行目：『The New York Times』2014 年 8 月 17 日付
  →　http://www.nytimes.com/2014/08/18/business/ice-bucket-challenge-has-raised-millions-for-als-association.html?_r=0
- 290 ページ 6 行目：法務省「出入国管理統計統計表」　→　http://www.e-stat.go.jp/SG1/estat/List.do?lid=000001035550
- 290 ページ 8 行目：外務省「海外在留邦人数調査統計」　→　http://www.mofa.go.jp/mofaj/files/000049149.pdf
- 293 ページ 3 行目：オシャレオモシロフドウサンメディア ひつじ不動産
  →　http://www.hituji.jp/comret/survey/20130418-100000-thanks-report
- 299 ページ 5 行目：Kick starter　→　https://www.kickstarter.com/1billion
- 299 ページ 5 行目：Tech Crunch Website
  →　http://jp.techcrunch.com/2014/03/03/20140302kickstarter-is-about-to-crowdfund-its-1-billionth-dollar/
- 299 ページ 9 行目：READY FOR？　→　https://readyfor.jp
- 299 ページ 12 行目：CAMPFIRE　→　http://camp-fire.jp/pages/about
- 313 ページ 8 行目：総務省「平成 23 年版情報通信白書」　→　http://camp-fire.jp/pages/about
- 313 ページ 8 行目：厚生労働省「気分障害患者数の推移」　→　http://www.mhlw.go.jp/seisaku/2010/07/03.html

『目にみえない資本主義』田坂広志（東洋経済新報社、2009 年）、『メディア論―人間の拡張の諸相』マーシャル・マクルーハン / 栗原裕・河本仲聖訳（みすず書房、1987 年）、『お金の不思議 - 貨幣の歴史学』国立歴史民俗博物館編（山川出版社、1998 年）『エンデの遺言』河邑厚徳ほか（講談社、2011 年）、『知っておきたい「お金」の世界史』宮崎正勝（角川学芸出版、2009 年）、『弱いつながり』東浩紀（幻冬舎、2014 年）、『ユダヤ人大富豪の教え』本田健（大和書房、2003 年）、『里山資本主義』藻谷浩介（角川書店、2013 年）、『まず、世界観を変えよ―複雑系のマネジメント』田坂広志（英治出版、2010 年）、『風土』和辻哲郎（岩波書店、1979 年）、『南米ポトシ銀山』青木康征（中公新書 2000 年）、『ゴールドー金と人間の文明史』ピーター・バーンスタイン / 鈴木主税訳（日本経済新聞社、2001 年）、『バフェットの株主総会』ジェフ・マシューズ / 黒輪篤嗣訳（エクスナレッジ、2009 年）、『貨幣という謎―金と日銀券とビットコイン―』西部忠（NHK 出版、2014 年）、『リーマン・ショック　5 年目の真実』日本経済新聞社編（日本経済新聞出版社、2014 年）、『金（ゴールド）が語る 20 世紀―金本位制が揺らいでも―』鯖田豊之（中央公論新社、1999 年）、『マネー資本主義　暴走から崩壊への真相』NHK スペシャル取材班（新潮社、2012 年）、『日本人はいつから働きすぎになったのか<勤勉の誕生>』礫川全次（平凡社、2014 年）、『歴史人口学で見た日本』速水融（文春新書、2001 年）、『【図解】ひと目で分かる!日本銀行のからくり』ワールドエコノミー研究会著（PHP 研究所、2013 年）